혼자서도 쉽게 만드는

마크라메

세상에서
가장 쉬운
마크라메
원데이 클래스

혼자서도 쉽게 만드는

마크라메

조영미 지음

Macramé

위즈덤하우스

프롤로그

어느새 마크라메와 함께한 지도 15년이 되었습니다.
여행 중에 선물 받은 매듭팔찌 하나가
제 인생의 중요한 전환점이 될 줄은 꿈에도 몰랐던 그때,
아마도 마크라메의 매력에 빠진 바로 그 순간부터
저와 마크라메의 인연이 시작된 것일 테죠.

우연이 만들어낸 인연은
마크라메 공방에서 수많은 학생들을 만나는 기회로 이어졌고,
《예쁜 매듭 팔찌 & 소품 만들기》,《스타일을 더하는 매듭 팔찌》라는 책을 통해
전국의 독자 여러분과 마크라메라는 관심사로 소통할 수 있는
소중한 인연으로 거듭났습니다.
이 모든 것이 마크라메를 만나며 저에게 생긴 행운입니다.

그리고 이제 자연주의 인테리어 소품을 담은 세 번째 책《혼자서도 쉽게 만드는 마크라메》로
마크라메의 새로운 매력을 여러분들과 함께 나누려고 합니다.

심플하면서도 우아한 인테리어 소품을 담은 이 책은
마크라메를 처음 접하는 분의 눈높이에 맞추어 기획되었습니다.
마치 동영상을 보듯 시원하고 자세한 사진에
누구나 따라 할 수 있을 만큼 쉽고 친절한 설명을 곁들였고,
무엇보다 기본에 충실한 책을 만들기 위해 애썼습니다.

식물을 공중에 걸 수 있도록 돕는 플랜트행어와
공간을 이국적으로 꾸며주는 월행잉과 모빌,
나쁜 꿈을 걸러주는 드림캐처까지
다양한 인테리어 소품을 내 손으로 직접 만드는 뿌듯함,
사랑하는 사람에게 선물하는 기쁨까지 누리실 수 있을 거예요.

종종 마크라메 때문에 손이 아프지 않느냐는 질문을 받을 때면 제 대답은 한결같습니다.
"좋아서 하는 일인 걸요."
마크라메를 만드는 시간이 저에게는 완벽한 '힐링'의 시간인 것처럼
많은 수강생 분들이 마크라메 덕분에 마음이 평안해진다고 할 때,
저는 마크라메와 다시 한 번 사랑에 빠지곤 합니다.
지금 이 책을 들고 계신 여러분 모두가 마크라메를 통해
잠시나마 삶의 여유를 즐기셨으면 좋겠습니다.

아라마크라메 조영미

차 례

PART 1

매력적인 취미생활

마크라메의 기초

Macramé

PART 2

플 랜 테 리 어 의   완 성

플랜트행어

Plant Hanger

1
초간단 플랜트행어
⋆ 038 ⋆

2
베이식 플랜트행어
⋆ 044 ⋆

3
나선형 플랜트행어
⋆ 052 ⋆

4
바스켓 플랜트행어
⋆ 058 ⋆

5
사선 플랜트행어
⋆ 070 ⋆

6
우드볼 플랜트행어
⋆ 086 ⋆

7
빅 메탈링 플랜트행어
⋆ 098 ⋆

8
클래식 플랜트행어
⋆ 114 ⋆

PART 3

감성적인
인테리어 오브제

월행잉

Wall Hanging

PART 4

마크라메의
특별한 변신

드림캐처&모빌

Dreamcatcher & Mobile

PART 1

매력적인 취미생활

마크라메의 기초

Macramé

마크라메는 아라비아에서 시작된 서양매듭으로, 실로 매듭을 짓는 작업을 뜻해요. 작은 매듭을 차곡차곡 쌓아나가다 보면 매듭팔찌 같은 액세서리는 물론, 다양한 인테리어 소품과 생활용품을 만들 수 있지요. 게다가 이 모든 것이 몇 가지 매듭법만으로도 충분해서 더 매력적인 작업입니다. 마크라메를 처음 시작하는 분도 쉽게 따라 할 수 있도록 과정 하나하나를 자세히 알려드릴게요. 그럼 마크라메의 기본적인 구조와 매듭법부터 차근차근 시작해볼까요?

마크라메 실의 종류

마크라메의 주재료인 실은 주로 면으로 만든 면 로프(면사)를 사용해요. 실의 합수가 높을수록 굵은 실을 뜻하는데, 구입처나 구입하는 시기에 따라 실의 굵기가 미세하게 달라지기도 하지요. 실의 굵기나 꼬임, 색깔에 따라 같은 작품이라도 다른 분위기를 낼 수 있으니 다양한 실을 사용해보세요.

◆ **마끈 4합**

시원하면서도 자연 친화적인 느낌을 주어 마크라메 작품에 포인트를 주기에 좋습니다.

◆ **면 로프 18합(두께 약 1.5mm)**

굵기가 가느다란 편으로 작품의 여리고 깨끗한 느낌을 살려줍니다.

◆ **면 로프 60합(두께 약 3mm)**

꼬임실 종류 중 하나로 아담한 크기의 플랜트행어를 만들기에 좋습니다.

◆ **면 로프 120합(두께 약 4mm)**

두루두루 많이 쓰이는 두께로 중간 크기의 작품에 적당합니다.

◆ **면 로프 150합(두께 약 5mm)**

줄의 두께가 굵은 편으로 대형 작품이나 화분 등의 무게감 있는 물건을 담는 용도의 작품을 만들 때 많이 쓰입니다.

◆ **브레이드 면 로프 120~150합(두께 약 5mm)**

땋거나 꼬아서 만드는 줄로 줄 차제만으로도 독특한 분위기가 느껴져 심플한 매듭에 잘 어울립니다. 공정 중에 일반 면 로프보다 납작하게 만들어지기도 합니다. 파이핑 로프, 마크라메 스트링, 우동끈이라고 불리기도 합니다.

◆ **브레이드 면 로프 990합(두께 약 15mm)**

여러 줄을 꼬아 매우 굵게 만든 줄로 큼직하고 개성 있는 작품에 사용하면 멋스럽습니다. 합수보다는 두께를 확인하고 구입하는 편이 좋습니다.

◆ **그 외**

마크라메의 기본 실은 해외에서 많이 사용하는 꼬임이 없는 푼사(구세사 면 로프), 패브릭 얀 등 종류가 다양합니다. 또한 털실, 자수실, 메탈실 등이 장식용 실로 쓰입니다. 이 책의 '컬러풀 월행잉'에 포인트 매듭으로 쓰인 리사이클 실크사는 자투리 실이나 실크원단을 꼬아서 만든 실로 광택과 색상이 매력적입니다.

마크라메 도움 재료

마크라메의 장점 중 하나는 구하기 어려운 재료나 특별한 재료가 필요 없다는 점이에요. 주변에 흔히 있는 재료 중 작품을 편하게 완성할 수 있게 돕는 부재료와 작품을 한결 아름답게 장식해주는 포인트 재료 등을 소개합니다.

◆ S자고리

행어에 S자고리를 걸고 목봉이나 자수틀 같은 기본 틀이나 작품을 걸어둔 상태에서 마크라메를 시작합니다.

◆ 가위와 줄자, 셀로판테이프

가위는 실과 줄을 자를 때, 줄자는 줄의 길이를 재어 재단할 때, 테이프는 우드볼 같이 작은 구멍 안에 줄을 넣는 과정에서 줄의 끝부분을 감싸는 용도로, 때론 작품을 책상 등에 고정할 때 쓰입니다.

◆ 목봉과 자작나무 가지

월행잉 등에 기본 틀로 사용합니다. 목봉은 깨끗하고 깔끔하며, 자작나무는 자연스러운 라인이 특징입니다.

◆ 메탈링

메탈링은 작품의 틀이나 손잡이, 고리, 장식의 용도로 사용합니다. 차가운 성질의 메탈소재가 따뜻한 느낌의 실과 만나 마크라메 작품을 우아하고 모던하게 만들어줍니다. 원하는 크기의 메탈링이 없을 때는 메탈와이어를 구부려서 테이프로 고정해 사용해도 됩니다.

◆ 우드볼

마크라메 작품과 잘 어울리는 장식품으로 우드볼 외에도 다양한 나무 장식품을 활용할 수 있습니다.

◆ 크로셰원단

코바늘로 뜬 뜨개원단으로 우아하고 내추럴한 느낌이 마크라메와 잘 어울립니다. 이 책에서는 '태슬 드림캐처'를 만들 때 사용합니다.

◆ 자수틀

둥근 형태가 멋스러워서 작품의 스타일에 따라 월행잉, 드림캐처, 모빌 등의 기본 틀이 되어줍니다.

◆ 넝쿨 리스틀

주로 플라워 리스와 마크라메를 결합한 작품을 만들 때 사용합니다. 먼저 빈 리스틀에 마크라메를 완성한 다음, 식물을 장식하는 순서로 만듭니다.

◆ 지끈 리스틀

원통형 모빌이나 샹들리에, 입체적인 오너먼트를 만들 때 둥근 형태를 잡아주는 용도로 쓰입니다.

마크라메 기본 상식

마크라메를 시작하기 전에 알고 있으면 좋은 팁과 정보를 알려드려요. 작업을 하면서 성공과 실패를 거듭하며 실력이 늘어가겠지만, 미리 알고 있으면 작품을 중도에 포기하거나 갑자기 예상하지 못한 상황이 생겼을 때 유연하게 대처할 수 있을 거예요.

◆ 바른 자세로 작품과 눈높이를 맞춰요

오랜 시간 동안 앉아서 작업할 때 작품이 눈높이보다 높거나 너무 낮으면 어깨와 등, 목과 팔에 무리가 올 수 있어요. 최대한 허리를 펴고 바른 자세로, 작품과 눈높이를 유지하고 작업하길 권합니다. 또한 작품을 가까이에 두고 작업하기 때문에 매듭의 균형이 맞지 않거나 선이 삐뚤빼뚤해도 금세 알아차리기 어려워요. 작품을 만드는 중간중간, 조금 멀리 떨어져서 매듭의 높낮이와 위치를 확인해주세요.

◆ 손에 힘을 빼고 작업해요

마크라메를 처음 접하는 분들은 몸과 손에 힘이 들어가서 실을 너무 팽팽하게 당기는 경우가 많습니다. 마크라메는 실의 자연스러운 선이 매력이니 손에 적당히 힘을 빼고 자연스럽게 작업해주세요. 처음에는 어렵지만 조금씩 하다 보면 손에 감각이 익을 거예요.

◆ 실을 넉넉하게 재단해요

작업을 하다가 줄이 모자라면 갑자기 디자인을 바꾸는 등 난감한 상황이 발생해요. 그래서 줄을 여유 있게 재단하는 것이 좋아요. 하지만 지나치게 길게 재단하면 매듭을 만들며 줄을 넣고 빼고 할 때 불편하니 작품을 만들면서 길이를 계산하는 법을 익혀나가요. 특히, 대형 작품을 만들 땐 샘플 작업을 미리 해보는 것도 좋습니다.

◆ 중간에 실이 모자라면 한매듭을 활용해요

작품의 크기를 잘못 계산했거나 재단할 때 실수해서 실이 모자라면 새로운 실을 한매듭으로 연결하세요. 삐져나온 실은 바짝 자르고, 튀어나온 매듭은 잘 보이지 않게 뒤쪽으로 배치하거나 잘 매만져줍니다.

◆ 여러 가닥의 줄이 엉키면 한 가닥씩 뽑아요

실타래의 실이 여러 가닥으로 꼬여버렸다면 실뭉치에서 우선 실 한 가닥을 빼주세요. 번거롭지만 이렇게 한 줄 한 줄 빼면 뭉치 전체를 잡고 푸는 것보다 수월합니다. 그리고 실을 처음 구입했을 때 실을 쓰기 편하게 잘 정리해두는 것도 좋은 방법입니다.

◆ 마크라메 작품은 울 전용 세제로 손빨래해요

손으로 자연스러운 짜임을 만들어놓은 마크라메 작품은 세탁을 잘못하면 크기가 줄거나 형태가 변형될 수도 있어요. 미지근한 물에 울 전용 세제로 손빨래를 해주세요. 작품에 구김이 있을 때는 스팀다리미로 낮은 온도에서 다림질을 해주세요. 또 주로 벽이나 천장에 걸어두는 작품이 많으니 주기적으로 먼지를 제거해주세요.

◆ 마크라메 실과 부자재 구입처

동대문 종합시장 1층 주변에 가면 마크라메의 실과 부자재를 파는 곳이 많아요. 실의 종류가 굉장히 많기 때문에 직접 눈으로 보고 비교하며 살 수 있고 특이한 실을 발견하는 재미도 있을 거예요. 온라인으로는 포털사이트에서 '마크라메 재료', '면 로프' 등을 검색하면 쉽게 구입할 수 있습니다. 그 외 '컬러풀 월행잉'에 사용된 '리사이클 실크사'나 이 책의 작품 재료를 패키지로 구입하고 싶다면 아래의 인스타그램이나 카카오톡 계정을 이용해주세요.

- 아라마그리메(前 꽃분이매듭공방)
  인스타그램 @ara_macrame　카카오톡 ID : yahoeimi

마크라메 기본 매듭

이 책에 쓰인 마크라메의 다양한 매듭법입니다. 그리 어렵지 않은 기본 매듭법 몇 가지로 다양한 작품을 구성했으니 쉽게 따라할 수 있을 거예요. 각각의 매듭법은 QR코드를 통해 동영상으로 확인해 보세요.

* 마크라메 준비 *

Before Making Macramé

마크라메를 하려면 목봉 등을 고정하는 준비 과정이 필요합니다. 행어 대신 집안 곳곳에 작품을 고정하는 방법과 매듭 이름 표기법, QR코드 사용법을 알려드려요.

◆ 행어 고정법

행어를 사용할 땐 행어에 S자고리를 걸고 목봉을 걸쳐주세요. 행어 대신 빨래 건조대를 절반만 펼쳐서 사용해도 편리해요. S자고리를 걸 수 있는 위치라면 문짝이나 선반, 의자, 책상, 네트망 등 어디라도 좋습니다. S자고리에서 목봉이 자꾸 움직이면 집게나 테이프로 고정해 주세요.

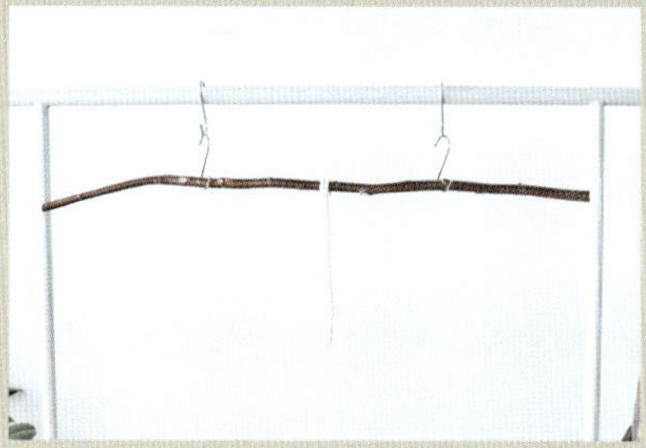

◆ 못이나 후크, 꼭꼬핀 고정법

목봉의 양쪽에 줄을 묶어서 걸이용 줄을 만들어요. 벽이나 문에 붙어 있는 못이나 후크 등에 중심을 맞춰 걸고 후크에 줄을 묶어 고정해주세요. 목봉이 흔들릴 때는 걸이용 줄의 양쪽에 테이프를 붙여서 벽과 고정하면 됩니다. 벽이나 유리창에 후크를 새로 붙여서 고정한다면 후크를 2개 사용하여 목봉의 양쪽을 걸쳐주세요.

◆ 매듭 이름 표기법

서양매듭인 마크라메는 각 매듭법의 이름이 영어로 되어 있어요. 영어를 한글로 풀어서 표기하는 데 한계가 있다 보니 개개인이 사용하는 매듭 이름이 다른 경우가 대부분이죠. 그래서 이 책에는 정확한 매듭명을 영어로 표기한 다음, 일반적으로 많이 쓰는 매듭명과 저의 책《예쁜 매듭 팔찌&소품 만들기》,《스타일을 더하는 매듭 팔찌》에 쓰인 매듭명을 토대로 한글로 표기했어요.

wrapping knot
래핑매듭
과정 2~7 참조

◆ QR코드 사용법

각각의 매듭법은 과정사진과 함께 QR코드를 통해 동영상으로 확인할 수 있어요. 책 앞쪽의 기본 매듭법 소개에는 물론이고, QR코드 때문에 책을 앞쪽으로 넘기는 수고를 덜기 위해 모든 작품마다 사용하는 매듭법의 QR코드를 추가했습니다. 이제 마크라메를 동영상으로 쉽고 편리하게 배워봐요.

* 레이스매듭 *

- Lark's Head Knot -

머리매듭이라고도 부르는 레이스매듭은 목봉이나 틀에 실을 걸어서 고정하는 매듭으로, 중심줄의 역할을 하는 마크라메의 기본 매듭입니다.

1:

줄을 반으로 접어 고리가 있는 쪽을 목봉 뒤로 넘겨 건다.

레이스매듭

2:

줄의 끝자락을 모아 고리 안으로 넣고 아래로 당겨 조인다.

3:

레이스매듭 완성.

⁎ 한매듭 ⁎

- Overhand Knot -

줄로 고리를 만들어 묶는 방법으로 마크라메에서는 한매듭이라고 부릅니다. 한 줄이나 여러 줄로 매듭을 만들어 작품을 장식하거나 마무리하는 용도로 쓰입니다.

한매듭

1:

줄 한쪽을 들어올려 원형고리 모양을 만든다.

2:

들어올렸던 줄을 뒤로 감아 원형고리 안에 넣고 아래로 당겨 조인다.

3:

한매듭 완성.

* 래핑매듭 *

- Wrapping knot -

여러 개의 줄을 하나로 모아서 고정해주는 매듭입니다. 고리를 만들거나 작품을 마무리하는 용도로 많이 쓰이며, 마지막에 래핑매듭용 줄을 팽팽히 당길수록 단단한 매듭이 완성됩니다.

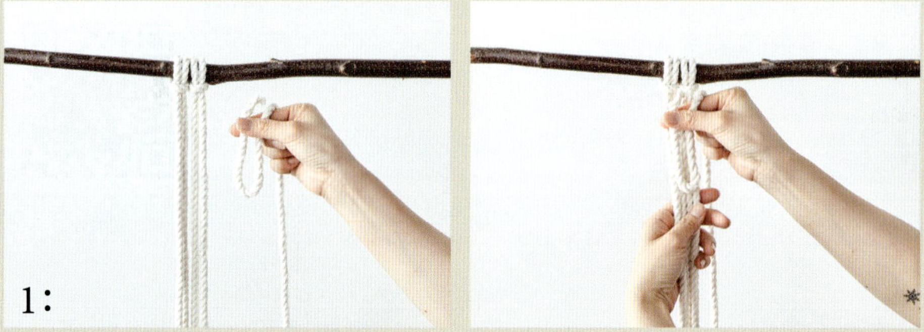

1: 래핑매듭용 줄을 U자모양으로 잡고 매듭줄에 배치한다.

2: 한 손으로 묶을 줄과 U자모양 줄을 한데 모아 잡고, 다른 한 손으로는 래핑매듭용 줄의 긴 부분을 시계방향으로 돌리며 말아준다.

3: 줄을 시계방향으로 돌리며 촘촘히 말아주는 모습.

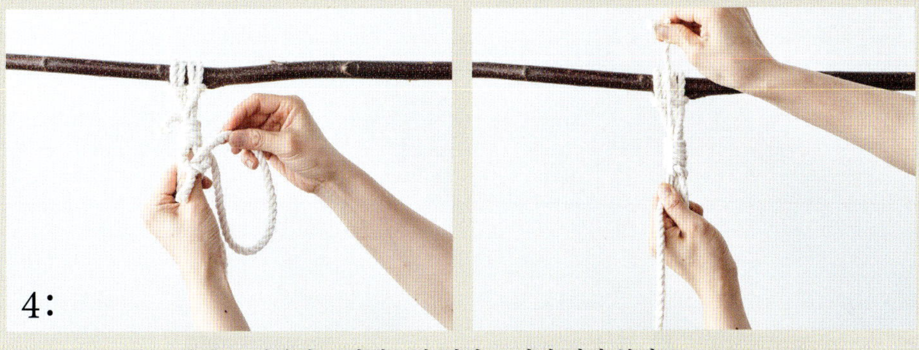

남은 줄의 끝자락을 래핑매듭 아래쪽에 생긴 고리에 넣어 붙잡고,
위쪽에 짧게 빼져나온 래핑매듭용 줄을 위로 단단히 당겨 조인다.

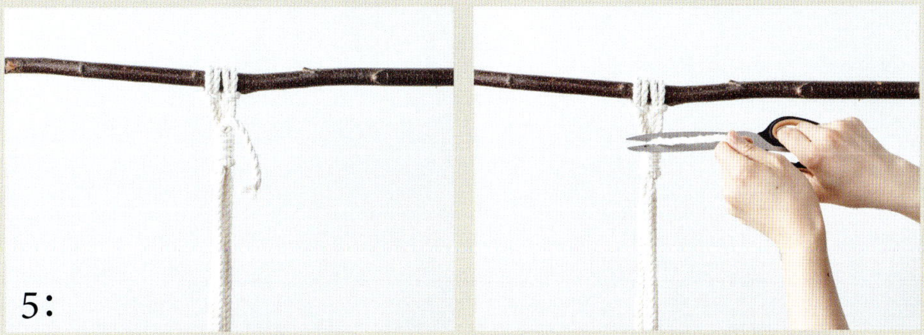

위아래 남은 래핑매듭용 줄을 바짝 자른다.

래핑매듭

래핑매듭 완성.

* 평매듭 *

- Square Knot -

평매듭은 여러 가지 방법으로 응용하기 쉬운 데다 다양한 패턴을 만들어낼 수 있어 마크라메에서 가장 많이 쓰이는 중요한 매듭법입니다.

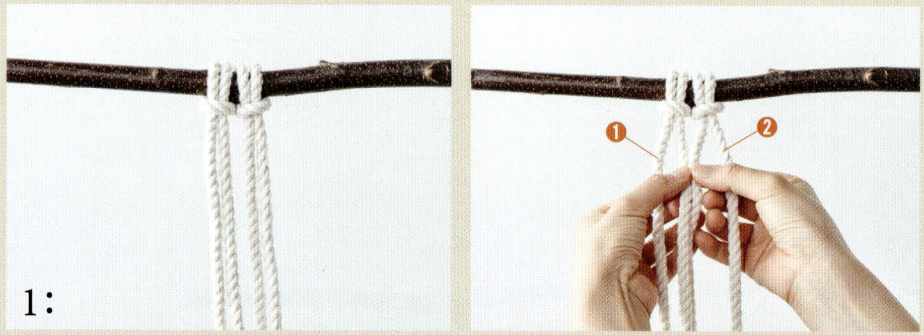

줄 4개를 모아 가운데 두 줄을 중심줄, 양쪽 가장자리 줄을 엮는줄 ①, ②로 정한다.

①을 중심줄 위에 L자모양으로 배치하고,
그 위에 ②를 두어 숫자 4모양을 만든다.

②를 중심줄 뒤쪽으로 감아 왼쪽 고리 안으로 통과시키고 엮는줄 2개를 양쪽으로 당긴다. 여기까지가 평매듭 반 세트 완성.

오른쪽으로 옮겨진 ①을 좌우 뒤집힌
L자모양으로 중심줄 위에 배치하고, 그 위에
②를 두어 좌우 뒤집힌 숫자 4모양을 만든다.

②를 중심줄 뒤쪽으로 감아 오른쪽 고리 안으로
통과시키고 양쪽으로 당긴다.

평매듭 1세트 완성.

평매듭

* 교차평매듭 *

- Switch Knot -

평매듭을 응용한 매듭법입니다. 시작하는 줄만 교차하여 중심줄로 정하고, 그 뒤로는 평매듭과 똑같이 매듭지으면 줄에 꼬임이 있는 매듭이 완성됩니다.

줄 4개를 잡고 양쪽 가장자리 두 줄을 더블X모양으로 꼬아 가운데로 모으고,
가운데 두 줄을 중심줄로, 나머지를 엮는줄 ①, ②로 정한다.

①을 중심줄 위에 L자모양으로 배치하고,
그 위에 ②를 두어 숫자 4모양을 만든다.

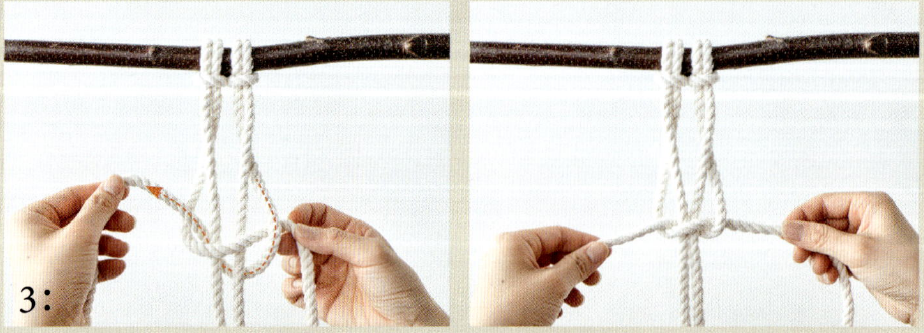

②를 중심줄 뒤쪽으로 감아 왼쪽 고리 안으로 통과시키고 엮는줄 2개를 양쪽으로 당긴다.

오른쪽으로 옮겨진 ①을 좌우 뒤집힌 L자모양으로 중심줄 위에 배치하고, 그 위에 ②를 두어 좌우 뒤집힌 숫자 4모양을 만든다.

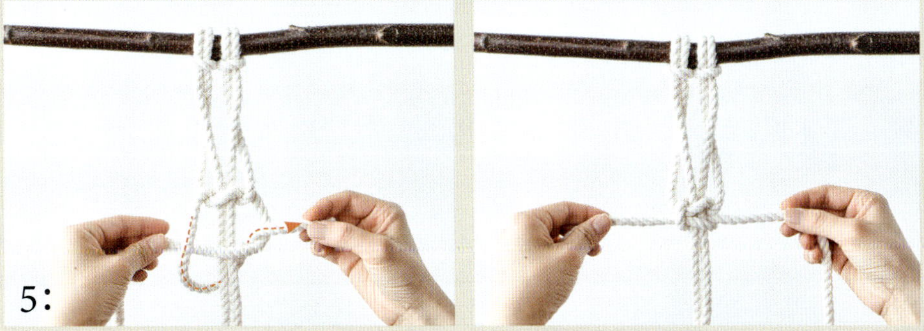

②를 중심줄 뒤쪽으로 감아 오른쪽 고리 안으로 통과시키고 양쪽으로 당긴다.

교자평매듭 1세트 완성.

교차평매듭

* 평돌기매듭 *

- Half Square Knot -

평돌기매듭도 평매듭을 응용한 매듭입니다. 평매듭은 1세트에 왼쪽과 오른쪽을 번갈아가며 매듭짓지만, 평돌기매듭은 한쪽 방향으로만 매듭짓기를 반복합니다.

1:

줄 4개를 모아 가운데 두 줄을 중심줄, 양쪽 가장자리 줄을 엮는줄로 정한다.

2:

왼쪽 엮는줄을 중심줄 위에 L자모양으로 배치하고, 그 위에 오른쪽 엮는줄을 두어 숫자 4모양을 만든다.

3:

오른쪽 엮는줄을 중심줄 뒤쪽으로 감아 왼쪽 고리 안으로 통과시키고 엮는줄 2개를 양쪽으로 당긴다. 여기까지 평매듭의 반 매듭과 동일.

4:

다시 2~3번과 똑같이 왼쪽 엮는줄을 중심줄 위에
L자모양으로 배치하고, 그 위에 오른쪽 엮는줄을 두어
숫자 4모양을 만든다.

5:

이번에도 오른쪽 엮는줄을 중심줄 뒤쪽으로 감아 왼쪽 고리 안으로 통과시키고
엮는줄 2개를 양쪽으로 당겨 평매듭의 반 매듭을 만든다.

평돌기매듭

6:

평돌기매듭 완성.

* 말아엮기매듭 *

- Clove Hitch Knot -

중심줄이나 목봉에 줄을 고정하는 용도로, 작품 중에 새로운 매듭으로 넘어갈 때 경계선을 표현하기에 좋은 매듭법입니다.

1:

맨 왼쪽 줄을 중심줄로 정하고 나머지 줄을 엮는줄로 정해 오른쪽 방향으로 가로형 말아엮기매듭을 만들어나간다.

2:

중심줄을 L자모양으로 배치한다.

3:

바로 오른쪽 엮는줄 1개를 중심줄 위에 U자모양으로 배치해서 고리를 만든다.

4:

엮는줄을 뒤쪽으로 감아 고리 앞쪽으로 통과시켜 잡아당긴다.

말아엮기매듭(연결)

5:

다시 왼쪽으로 이동한 엮는줄을 중심줄 위에
U자모양으로 배치해서 고리를 만든다.

6:

엮는줄을 뒤쪽으로 감아 고리 앞쪽으로
통과시켜 잡아당긴다.

7:

말아엮기매듭 1세트 완성.

8:

계속해서 중심줄을 유지하고 바로 옆 줄을
엮는줄로 정해서 과정 2~6을 반복한다.

9:

가로형 말아엮기매듭이 완성된 모습.

◆ 오른쪽에서 왼쪽으로, 가로형 말아엮기매듭

맨 오른쪽 줄을 중심줄로 정하고 바로 옆줄을 엮는줄로 활용해 똑같은 방법으로 말아엮기매듭을 완성한다.

◆ 사선 방향으로 말아엮기매듭

중심줄을 일직선이 아니라 사선 방향으로 배치해서 똑같은 방법으로 말아엮기매듭을 완성한다.

◆ 한 줄로 말아엮기매듭

목봉을 중심줄처럼 고정용도로 생각하고 엮는줄 한 줄로만 말아엮기매듭을 이어간다.

말아엮기매듭(한 줄)

⁕ 크라운매듭 ⁕

- Chinese Crown Knot -

매듭을 차곡차곡 쌓아가는 방식으로 모양이 화려해서 단독으로 굵은 매듭줄을 만들 때 많이 쓰입니다. 사진에는 한 손으로 매듭을 잡고 작업했지만 책상에 두고 매듭지어도 좋아요.

크라운매듭

줄을 십자모양으로 배치한다.

12시 방향에 있는 줄을 3시 방향 줄 위에 접어서 포갠다.

3시 방향 줄을 6시 방향 줄 위에 접어서 포갠다.

6시 방향 줄을 9시 방향 줄 위에 접어서 포갠다.

9시 방향 줄을 오른쪽 12시 방향으로 포개어 12시, 3시 방향 줄 사이에 만들어진 고리 안에 통과시킨다.

12시, 3시, 6시, 9시 방향의 줄 4개를 각 방향으로 잡아당겨 크라운매듭 완성.

PART 2

플랜테리어의 완성

플랜트행어

Plant Hanger

식물을 공중에 매달거나 벽에 걸 수 있도록 돕는 플랜트행어를 소개해요. 식물의 형태에 따라, 내 취향에 따라 디자인을 선택할 수 있도록 긴 줄이 멋스럽게 늘어지는 작품부터 동글동글 귀여운 모양, 우드볼이나 메탈링으로 장식한 레트로한 디자인까지 다양하게 담았어요. 플랜트행어로 공간을 싱그럽게 가꾸어보세요.

초간단
플랜트행어

EASY MACRAMÉ

1

세 상 에 서 가 장 쉬 운

초간단 플랜트행어

Easy Plant Hanger

마크라메를 처음 접하는 분도 10분이면 만들 수 있을 만큼 쉽고 간단한 플랜트행어를 소개해요. 줄 2개를 접어서 화분을 지탱할 수 있을 정도의 매듭만으로 완성하는 이 작품은 줄 하나하나를 섬세하게 매듭짓는 대신, 무심하게 연결하는 정도로 끝내는 게 매력이에요. 덕분에 화분의 크기나 모양에 따라 선의 변화가 크게 느껴진답니다. 여러 개 만들어보면서 플랜트행어의 기본 구조를 익혀보세요.

준비

매듭용 : 면 로프(990합/15mm) — 3m*2개
래핑용 : 마끈(4합) — 60cm*6개

매듭

래핑매듭

과정

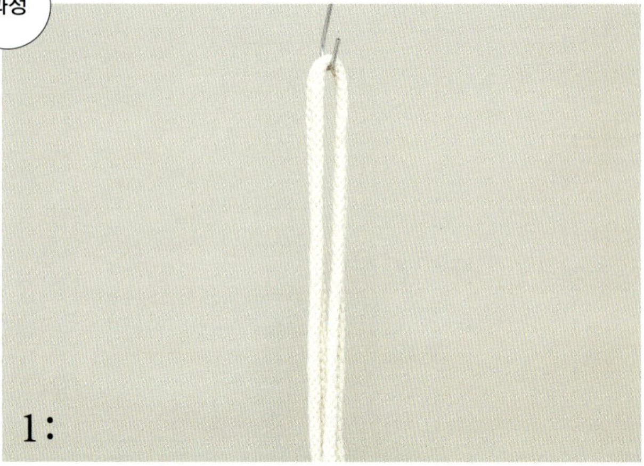

매듭용 3m 줄 2개를 반으로 접어 S자고리에 건다.

래핑용 60cm 마끈 1개를 U자모양으로 잡고 매듭용 줄 상단에 배치한다.

U자의 하단을 면 로프와 함께 단단히 붙든다.

마끈의 긴 쪽을 시계 방향으로 돌리며 촘촘히 10회를 말아준다.

마끈의 끝자락을 래핑매듭 아래쪽에 생긴 고리에 넣는다.

고리에 넣은 마끈을 붙잡고 위쪽에 짧게 빠져나온 마끈을 위로 단단히 당긴다.

7: 위아래 남은 래핑용 줄을 바짝 자른다.

wrapping knot
래핑매듭
과정 2~7 참조

8:

9:

래핑매듭 1개가 완성된 모습.

첫 래핑매듭 45cm 아래 지점에서 나란히 붙어있는
줄 2개를 잡는다.

10: 다시 과정 2~7처럼 래핑용 마끈 1개를 U자모양으로 잡고
시계 방향으로 10회 감아 래핑매듭 1개를 완성한다.

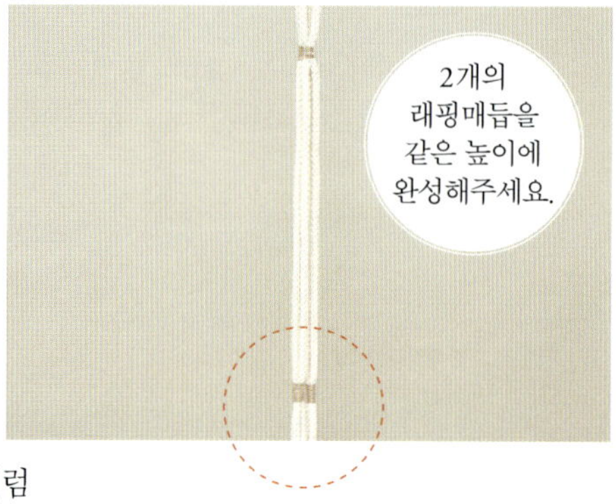

11: 나머지 줄 2개도 한데 모아 과정 2~7처럼
래핑용 마끈 1개로 래핑매듭 1개를 완성한다.

12: 2개의 래핑매듭에서 각각 줄 1개씩을 뽑아 2줄을 잡고, 매듭 15cm 아래 지점에
과정 2~7처럼 마끈으로 래핑매듭 1개를 완성한다.

마찬가지로,
래핑매듭 2개의
높이가 같아야
해요.

13:

나머지 줄 2개도 한데 모아 과정 2~7처럼 마끈으로
래핑매듭 1개를 완성한다.

아랫부분에
매듭을 하나로
잡아주어야 화분의
중심을 잡아줄 수
있어요.

14: 매듭용 줄 4개를 모두 잡고 마지막 래핑매듭 바로 아래 지점에서 다시 과정 2~7처럼 마끈으로 래핑매듭 1개를 완성하여 마무리한다.

완성

베이식
플랜트행어

EASY MACRAMÉ

2

심플해서 멋스러운

베이식 플랜트행어

Basic Plant Hanger

가장 쉬운 매듭법 두 가지로 만든 기본적인 플랜트행어예요. 매듭이 적게 들어가 쉽고 간단하게 만들 수 있고, 여백이 많아 심플한 멋이 느껴져요. 그만큼 화분이나 화병, 식물 등 메인 오브제의 아름다움을 돋보이게 해주는 작품이기도 하지요. 계절마다 여러 가지 식물로 다양하게 연출해보세요.

준비

매듭용 : 브레이드 면 로프(5mm) — 2m＊4개
래핑용 : 브레이드 면 로프(5mm) — 50cm＊2개

매듭

래핑매듭
한매듭

과정

1: 매듭용 2m 줄 4개를 반으로 접어 S자고리에 건다.

2: 래핑용 50cm 줄 1개를 U자모양으로 잡고
매듭용 줄 상단에 배치한다.

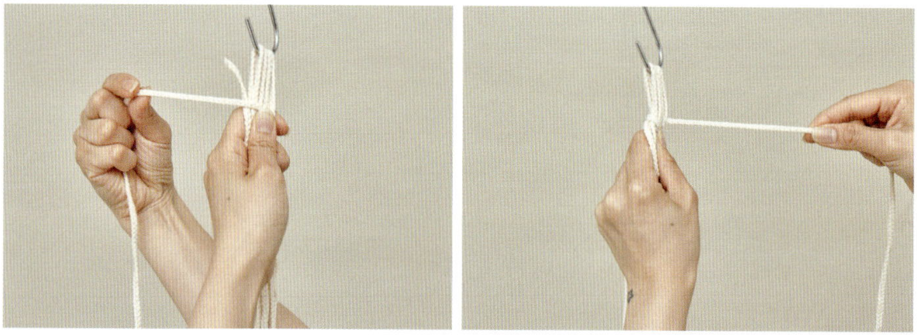

3: U자의 하단을 면 로프와 함께 단단히 붙들고,
래핑용 줄의 긴 쪽을 시계 방향으로 돌리며 말아준다.

4: 위의 방법으로 촘촘히 6회를 말아준다.

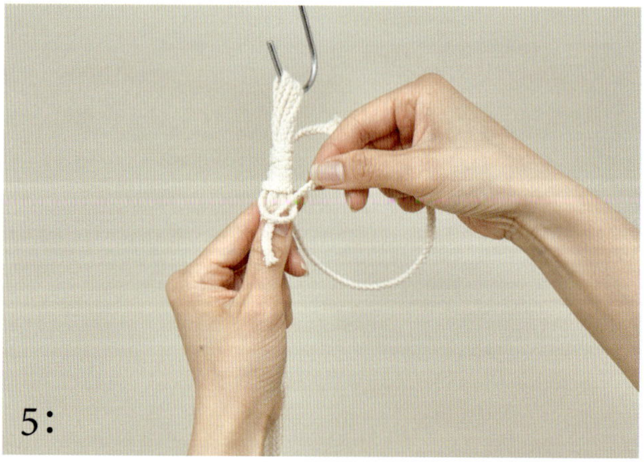

5: 남은 줄의 끝자락을 래핑매듭 아래쪽에 생긴 고리에
넣는다.

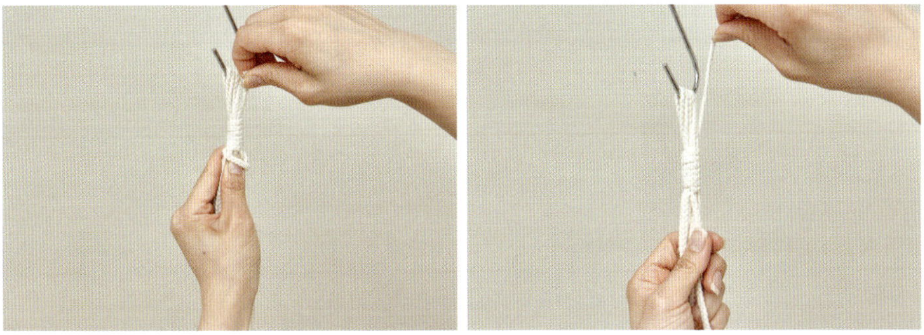

6: 고리에 넣은 줄을 붙잡고 위쪽에 짧게 빠져나온 래핑용 줄을 위로 단단히 당긴다.

wrapping knot

래핑매듭

과정 2~7 참조

7: 위아래 남은 래핑용 줄을 바짝 자른다.

8: 나란히 붙어있는 줄 2개를 함께 잡고, 래핑매듭 12cm 아래 지점에서 고리모양을 만든다.

매듭 지점이 바뀌지 않게 고리가 만나는 부분을 붙잡고 줄을 당겨주세요.

9: 고리를 만든 줄의 끝자락을 원형고리 안에 넣고 잡아당겨 한매듭을 만든다.

10:

나머지 6개의 줄도 줄 2개씩을 함께 잡고 같은 높이에 한매듭을 만들어 총 4개의 한매듭을 완성한다.

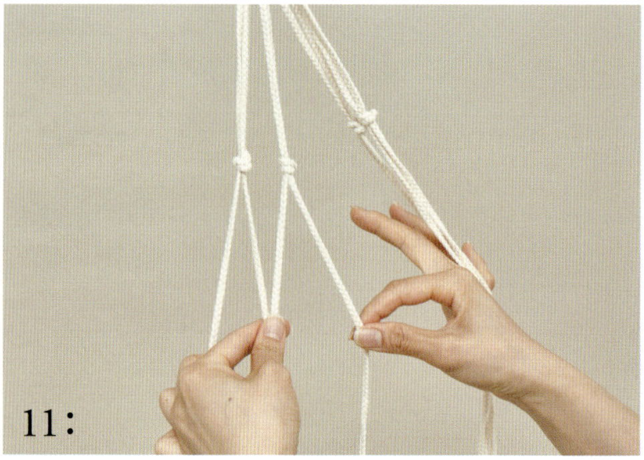

11:

나란히 붙어있는 2개의 한매듭에서 각각 줄 1개씩을 뽑아 2줄을 잡고, 10cm 아래 지점에서 모아준다.

overhand knot

한매듭

과정 8~9 참조

12:

이 지점에 다시 한매듭을 만든다.

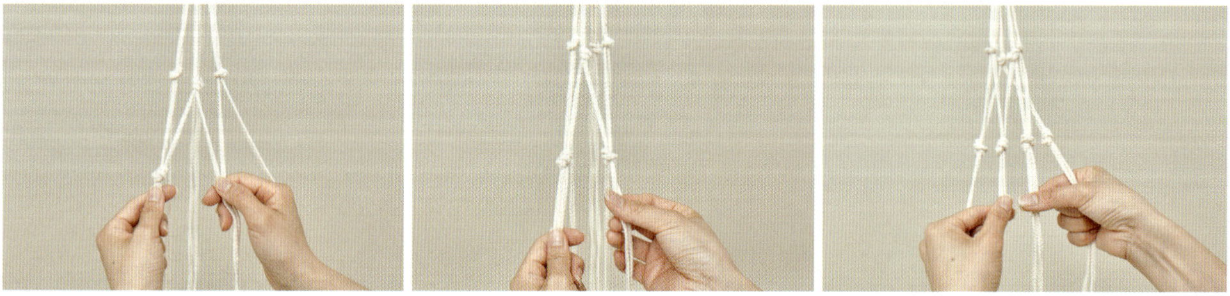

13: 나머지 6개의 줄도 차례로 줄 2개씩을 잡고 같은 높이에 한매듭을 만들어 총 4개의 한매듭을 완성한다.

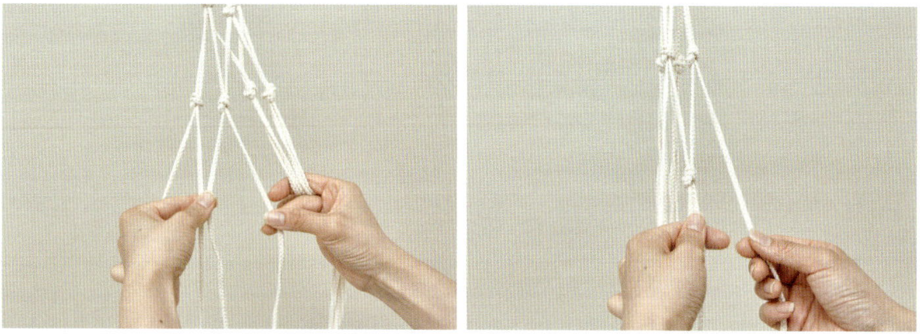

14: 다시, 나란히 붙어있는 2개의 한매듭에서 각각 줄 1개씩을 뽑아 2줄을 잡고, 10cm 아래 지점에 한매듭을 만든다.

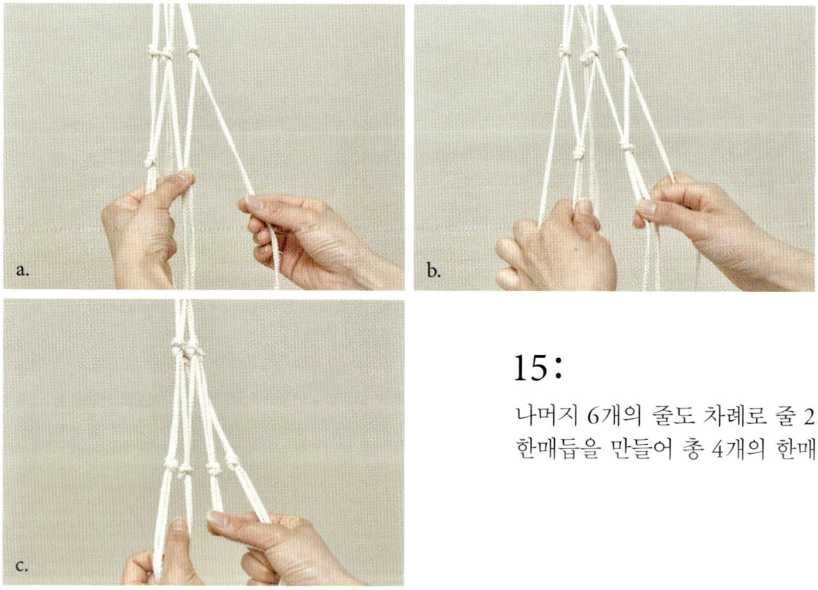

15:

나머지 6개의 줄도 차례로 줄 2개씩을 잡고 같은 높이에 한매듭을 만들어 총 4개의 한매듭을 완성한다.

16:

마지막 한매듭 8cm 아래 지점에서 줄을 모두 잡고, 래핑용 50cm 줄 1개를 U자모양으로 배치한다.

17: U자의 하단을 면 로프와 함께 단단히 붙들고, 줄의 긴 쪽을 시계 방향으로 촘촘히 돌리며
6회 말아 래핑매듭 아래쪽에 생긴 고리에 넣는다.

18: 고리에 넣은 실을 붙잡고 위쪽에 짧게 빼져나온 래핑용 줄을
위로 단단히 당긴다.

19:

위에 남은 래핑용 줄만 바짝 자른다.

20:

아래쪽 장식용 줄을 원하는 길이로 잘라 마무리한다.

완성

나선형
플랜트행어

EASY MACRAMÉ

3

자연스러운 곡선형 매듭으로

나선형 플랜트 행어

Spiral Plant Hanger

평매듭을 한 방향으로만 반복하는 평돌기매듭은 매듭이 저절로 회전하면서 나선형 무늬를 만들어요. 그래서 평돌기매듭 하나만으로도 독특한 분위기를 내기에 충분하죠. 자연스럽게 떨어지는 곡선의 실루엣, 빙그르르 층을 만들어내는 꼬임의 아름다움이 작품에 감성을 더해줍니다. 식물이나 캔들, 디퓨저 등으로 다양하게 스타일링해보세요.

준비

매듭용 : 브레이드 면 로프(990합/15mm) — 2m 50cm*2개
메탈링(지름 6cm) — 1개

매듭

평돌기매듭

과정

S자고리에 메탈링을 걸치고, 매듭용 2m 50cm 줄 2개를 반으로 접어 메탈링에 건다.

줄 4개를 사진처럼 잡고 가운데 두 줄을 중심줄로, 양쪽 가장자리 줄을 엮는줄로 정한다.

왼쪽 엮는줄을 중심줄 위에 L자모양으로 배치한다.

오른쪽 엮는줄을 L자모양 줄 위에 배치해 숫자 4모양을 만든다.

오른쪽 엮는줄을 중심줄 뒤쪽으로 감아 왼쪽 고리 안으로 통과시킨다.

엮는줄 2개를 양쪽으로 당긴다.

다시 왼쪽 엮는줄을 중심줄 위에 L자모양으로 걸친다.

오른쪽 엮는줄을 L자모양 줄 위에 배치해
숫자 4모양을 만든다.

평매듭
반 세트를 같은
방향으로 2번 반복
하면 평돌기매듭
1세트가 완성
돼요.

오른쪽 엮는줄을 중심줄 뒤쪽으로 감아 왼쪽 고리 안으로
통과시킨다.

양쪽으로 당겨 평돌기매듭 1세트를 완성한다.

과정 3~10을 8회 더 반복하여 평돌기매듭을 총 9세트
완성한다.

평돌기매듭을
반복하면 매듭이
자연스럽게
회전하며 나선형을
이뤄요.

half square knot

평돌기매듭

과정 2~10 참조

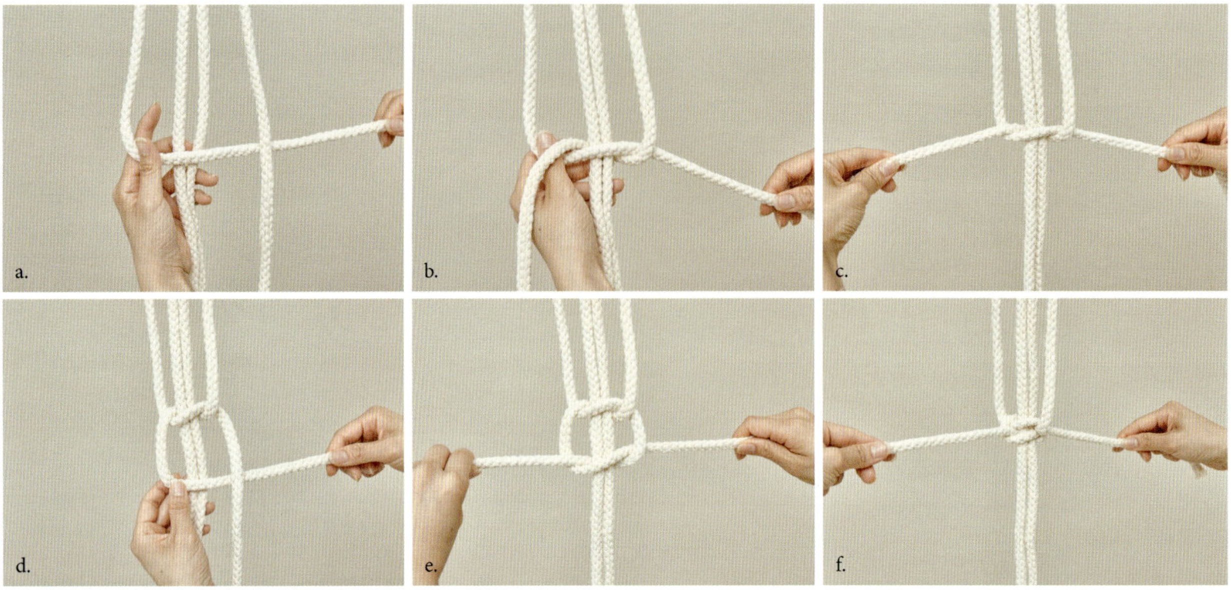

12:

평돌기매듭 50cm 아래 지점에서 다시 중심줄, 엮는줄을 정하고 과정 3~10을 6회 반복하여 평돌기매듭 6세트를 만든다.

13:

남은 줄을 자연스럽게 늘어뜨려 마무리한다.

완성

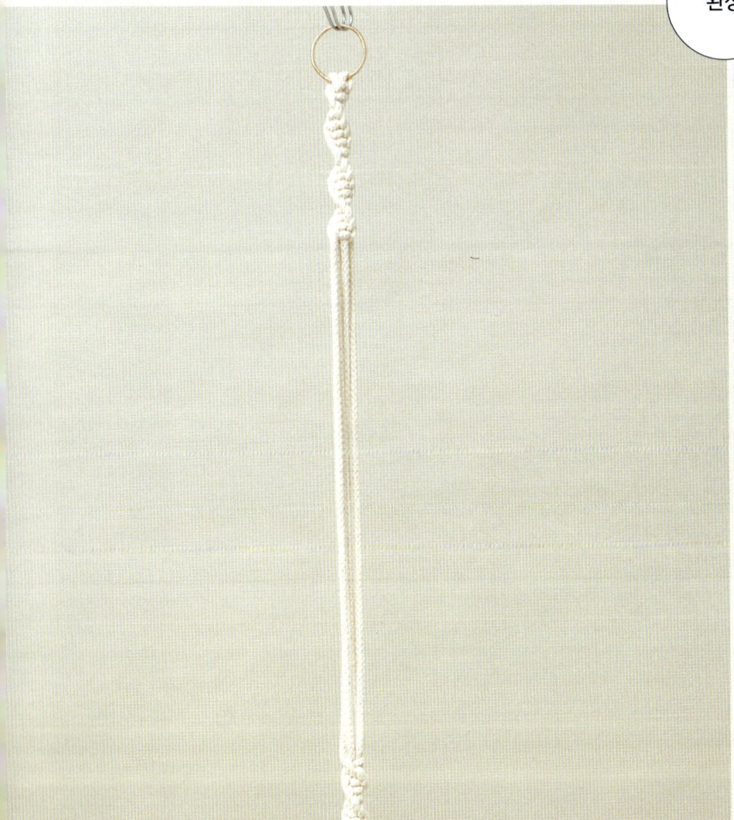

바스켓
플랜트행어

EASY MACRAMÉ

4

동글동글 귀여운

바스켓 플랜트행어

Basket Plant Hanger

기존의 플랜트행어와는 또 다른 매력을 가진 귀여운 작품이에요. 도톰한 실로 평매듭을 원통형으로 연결하고, 아랫부분을 래핑매듭으로 꽉 묶어주세요. 흩어져있던 매듭이 하나로 모여 공간을 이루면 동글동글 속이 깊은 바구니형 플랜트행어가 완성됩니다. 이 작품에는 걸이용 고리를 너무 길지 않게 만들어서 눈높이보다 낮게 매달아야 귀엽고 통통한 느낌이 살아난답니다.

준비

매듭용 : 브레이드 면 로프(990합/15mm) — 1m 40cm*18개
걸이용 : 브레이드 면 로프(990합/15mm) — 1m 20cm*1개
래핑용 : 브레이드 면 로프(990합/15mm) — 70cm*1개

매듭

한매듭
레이스메듭
평매듭
래핑매듭

과정

걸이용 1m 20cm 줄을 S자고리 2개에 일직선으로 묶어서 걸친다.

매듭용 1m 40cm 줄 1개를 반으로 접어 고리가 생긴 쪽을 걸이용 줄 뒤로 넘겨 건다.

줄의 끝자락을 고리 안으로 넣는다.

고리 안의 두 줄을 아래로 당겨 단단히 조인 레이스매듭을 만든다.

나머지 줄 17개도 과정 2~4처럼 레이스매듭을 완성한다.

lark's head knot

레이스매듭

과정 2~4 참조

6:

S자고리에서 걸이용 줄을 풀어 양쪽의 길이를 맞추고 반으로 접는다.

overhand knot

한매듭

과정 7 참조

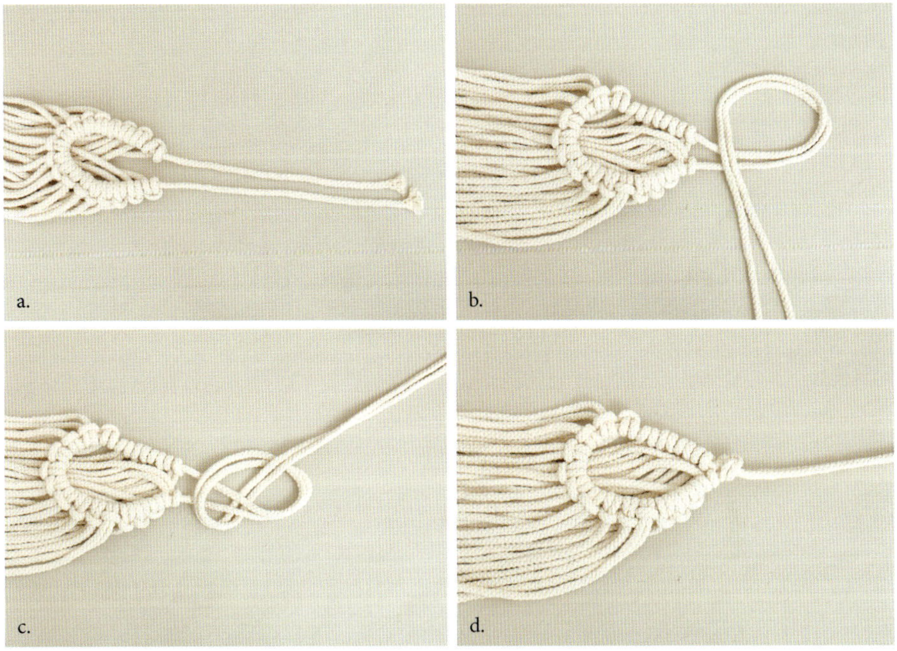

7: 걸이용 줄 2개를 함께 잡고, 레이스매듭 바로 위에 고리를 만들어 줄의 끝자락을 통과시킨 다음, 줄을 아래로 조여 한매듭을 만든다.

8: 방금 만든 한매듭에서 20cm 위쪽 지점에 다시 한매듭을 느슨하게 만든다.

고리가 두꺼워 지는 걸 막기 위해 줄 1개를 뺀 거예요. 줄을 빼지않고 2줄로 매듭지어도 괜찮아요.

9: 줄 1개만 위쪽으로 빼내고 매듭을 단단하게 조인다.

10: 위아래 남은 줄을 바짝 자른다.

11:

걸이용 줄 길이에 맞춰 S자고리 여러 개를 연결하고, 레이스매듭의 양쪽 높이를 맞춰 S자고리에 걸친다.

12:

레이스매듭 2개에 달린 줄 4개를 잡고 가운데 두 줄을 중심줄로, 양쪽 가장자리 줄을 엮는줄 ①, ②로 정한다.

13 : ①을 중심줄 위에 L자모양으로 배치하고, 그 위에 ②를 두어 숫자 4모양을 만든다.

14 : ②를 중심줄 뒤쪽으로 감아 왼쪽 고리 안으로 통과시키고 엮는줄 2개를 양쪽으로 당긴다.

15 :

오른쪽으로 옮겨진 ①을 좌우 뒤집힌 L자모양으로 중심줄 위에 배치하고, 그 위에 ②를 두어 좌우 뒤집힌 숫자 4모양을 만든다.

16 : ②를 중심줄 뒤쪽으로 감아 오른쪽 고리 안으로 통과시키고 양쪽으로 당겨 평매듭 1세트를 완성한다.

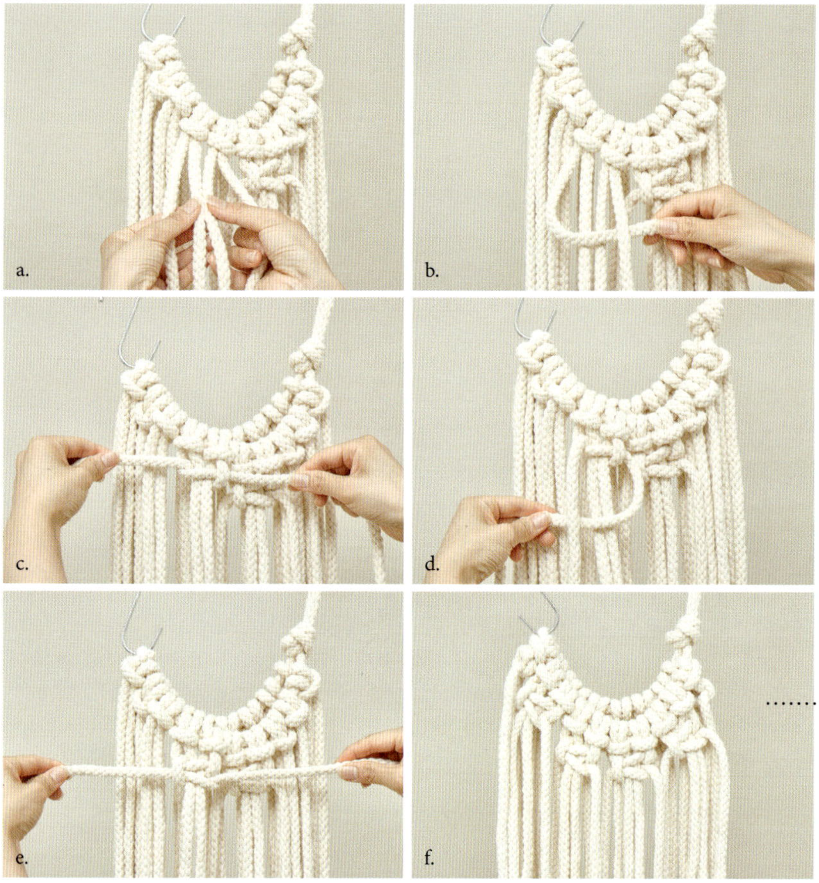

평매듭
첫째 단이
완성됐어요.

square knot
평매듭

과정 12~16 참조

17:

나머지 줄도 4개씩 잡아 과정 12~16처럼 평매듭 1세트씩을 완성해서 전체 원형 둘레에 가로형 평매듭을 만든다.

18:

다시 평매듭 2세트를 모아 가운데 줄 4개를 잡고, 가운데 두 줄을 중심줄로, 양쪽 가장자리 줄을 엮는줄 ①, ②로 정한다.

19: 평매듭 1세트를 완성한다.

평매듭
둘째 단이
완성됐어요.

20: 나머지 줄도 4개씩 잡아 평매듭 1세트씩을 완성해서 전체 둘레에 가로형 평매듭 한 단을 더 만든다.

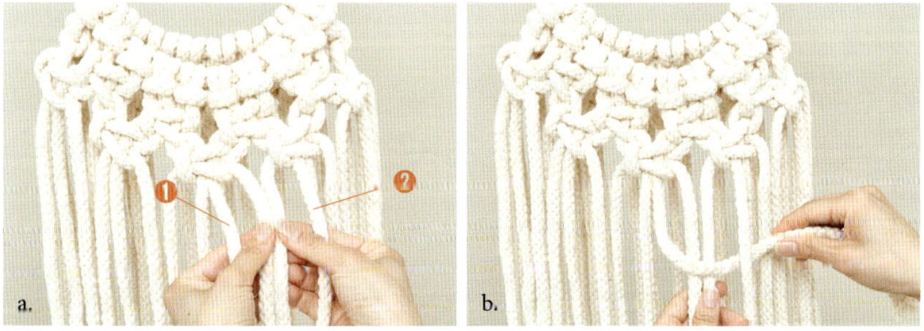

21:

다시 평매듭 2세트를 모아 가운데 줄 4개를 잡고, 가운데 두 줄을 중심줄로, 양쪽 가장자리 줄을 엮는줄 ①, ②로 정해 평매듭 1세트를 완성한다.

a.

b.

c.

평매듭
셋째 단이
완성됐어요.

22:

나머지 줄도 4개씩 잡아 평매듭 1세트씩을 완성해서 전체 둘레에 가로형 평매듭 한 단을 더 만든다.

23:

다시 평매듭 2세트를 모아 가운데 줄 4개를 잡고, 가운데 두 줄을 중심줄로, 양쪽 가장자리 줄을 엮는줄 ①, ②로 정해 평매듭 1세트를 완성한다.

24:

나머지 줄도 4개씩 잡아 평매듭 1세트씩을 완성해서 전체 둘레에 가로형 평매듭 한 단을 더 만든다.

25: 가로형 평매듭 4단이 완성된 모습.

가장 아래쪽 평매듭에서 최대한 가까이 래핑매듭을 만들어야 둥근 바스켓 모양으로 완성돼요.

26: 아래쪽에 남은 줄을 모두 잡고 위쪽으로 치우치지 않게 균형을 맞춰 래핑매듭 지점을 정한다.

27: 래핑용 70cm 줄 1개를 U자모양으로 배치한다.

28: 래핑용 줄의 긴 쪽을 시계 방향으로 촘촘히 돌리며 4회 말아준다.

29: 남은 줄의 끝자락을 래핑매듭 아래쪽에 생긴 고리에 넣어 붙잡고, 위쪽에 짧게 삐져나온 래핑용 줄을 위로 단단히 당긴다.

30:

위아래 남은 래핑용 줄을 바짝 잘라 래핑매듭을 완성한다.

wrapping knot

래핑매듭

과정 27~30 참조

31: 손으로 매듭 간격과 방향 등 매무새를 다듬어 마무리한다.

완성

사선
플랜트행어

EASY MACRAMÉ

5

이 국 적 인 아 름 다 움

사선 플랜트행어

Oblique Line Plant Hanger

아래로 갈수록 식물을 감싸안는 구조가 소담스러운 플랜트행어예요. 여기에 사선 방향의 매듭으로 한 번 더 시선을 잡아주어 무던한 멋을 더했어요. 사선과 곡선이 서로 다른 매듭이 조화로우면서도 각각의 매력이 선명하게 부각되어, 이국적인 분위기를 자아냅니다. 늘어지는 식물이나 생화, 드라이플라워 등으로 공간을 특별하게 만들어보세요.

준비

매듭용 : 면 로프(150합/5mm) — 2m 60cm*8개
래핑용 : 면 로프(150합/5mm) — 60cm*1개
자작나무(두께 1cm/길이 40cm) — 1개

매듭

레이스매듭
말아엮기매듭
평매듭
래핑매듭

과정

1: 행어에 S자고리 2개를 걸고 자작나무를 걸친다.

2: 2m 60cm 매듭용 줄 1개를 반으로 접어 고리가 있는 쪽을 자작나무 뒤로 넘겨 건다.

3: 줄의 끝자락을 고리 안으로 넣고 아래로 당겨 단단히 조인 레이스매듭을 만든다.

lark's head knot

레이스매듭

과정 2~3 참조

4: 나머지 줄 7개도 과정 2~3처럼 레이스매듭을 만든다.

5: 가장 왼쪽에 있는 줄을 오른쪽 하단의 사선 방향으로 배치하여 중심줄로 정한다.

6: 중심줄 바로 오른쪽에 있는 줄을 엮는줄로 정하고 중심줄 아래쪽에 둔다.

7: 엮는줄을 중심줄 위에 U자모양으로 배치해서 고리를 만든 다음, 엮는줄을 뒤쪽으로 감아 고리 안으로 통과시킨다.

8: 중심줄을 사선으로 유지하고 엮는줄을 바짝 당겨 매듭을 만든다.

9: 다시 왼쪽으로 이동한 엮는줄을 중심줄 위에 U자모양으로 배치해 고리를 만든 다음, 엮는줄을 뒤쪽으로 감아 고리 안으로 통과시키고 바짝 당겨 매듭을 만든다.

10:

과정 5~9까지 엮는줄을 2번씩 감아서 만든 매듭이 말아엮기매듭 1세트이다.

clove hitch knot

말아엮기매듭(연결)

과정 5~9 참조

11:

다시 중심줄을 사선으로 배치하고 바로 오른쪽 옆줄을 엮는줄로 정해 중심줄 아래쪽에 둔다.

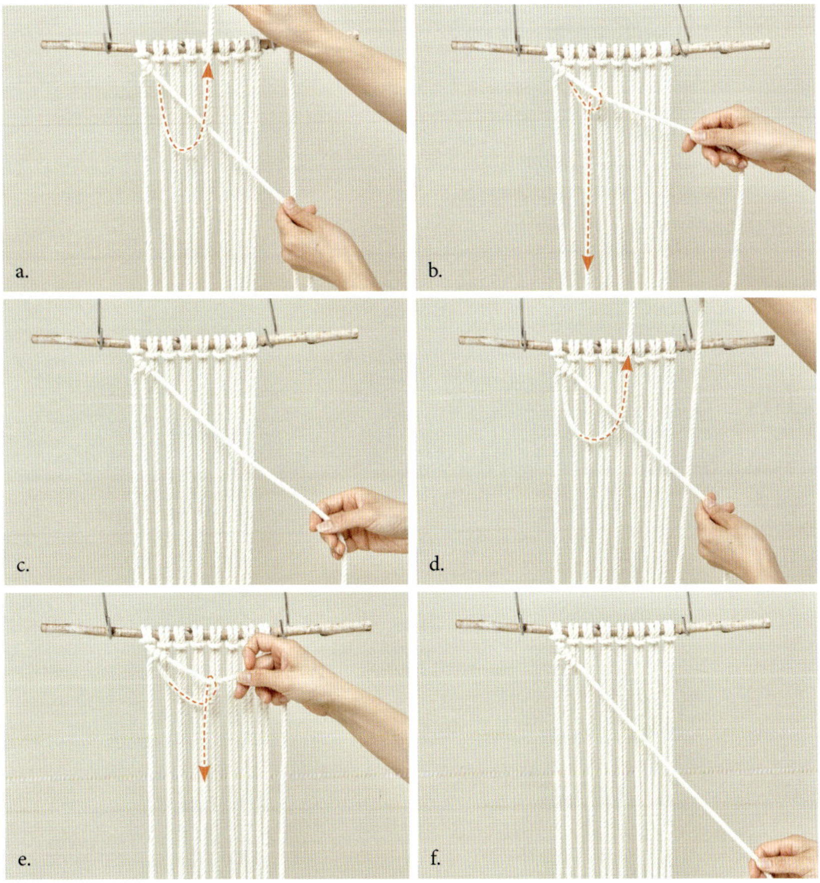

12:

엮는줄을 중심줄 위에 U자모양으로 배치해서 고리를 만든 다음,
엮는줄을 뒤쪽으로 감아 고리 안으로 통과시키고 바짝 당기기를 2회 반복해
말아엮기매듭 1세트를 완성한다.

13: 계속해서 중심줄을 사선으로 배치하고 오른쪽 옆줄을 엮는줄로 정해 사선 방향으로 말아엮기매듭을 반복한다.

남는 줄이 없을 때까지 말아엮기매듭을 반복해 사진과 같이 완성한다.

양쪽 가장자리에 있는 줄을 각각 2개씩 총 4개를 잡고 ①-②-③-④로 정한다.

①과 ④를 중심줄로 정해 사진처럼 가운데로 모으고, 남은 줄을 엮는줄 ②, ③으로 정한다.

엮는줄 ②을 중심줄 위에 L자모양으로 배치한다.

엮는줄 ③을 L자모양 줄 위에 배치해 숫자 4모양을 만든다.

③을 중심줄 뒤쪽으로 감아 왼쪽 고리 안으로 통과시킨다.

20: 엮는줄 ②, ③을 양쪽으로 당긴다.

21: 오른쪽으로 옮겨진 ②를 좌우 뒤집힌 L자모양으로 중심줄 위에 배치하고, 그 위에 ③을 두어 좌우 뒤집힌 숫자 4모양을 만든다.

22: ③을 중심줄 뒤쪽으로 감아 오른쪽 고리 안으로 통과시키고 양쪽으로 당긴다.

square knot

평매듭

과정 17~22 참조

23: 과정 17~22가 평매듭 1세트 완성이다.

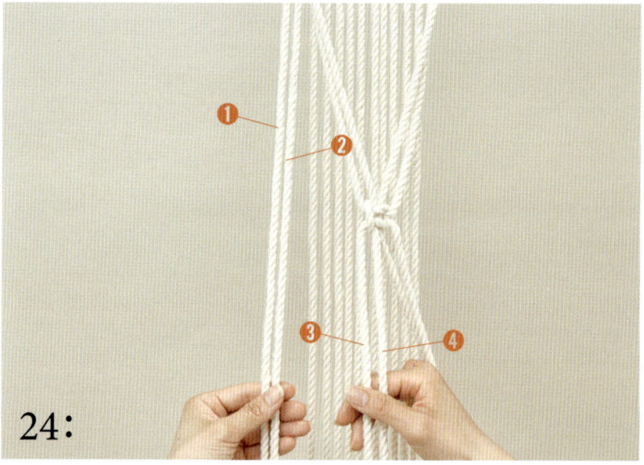

24:

다시 평매듭을 만들기 위해 왼편의 새로운 줄 2개,
평매듭 아래의 가장 왼쪽 줄 2개, 총 4개의 줄을 잡고
①-②-③-④로 정한다.

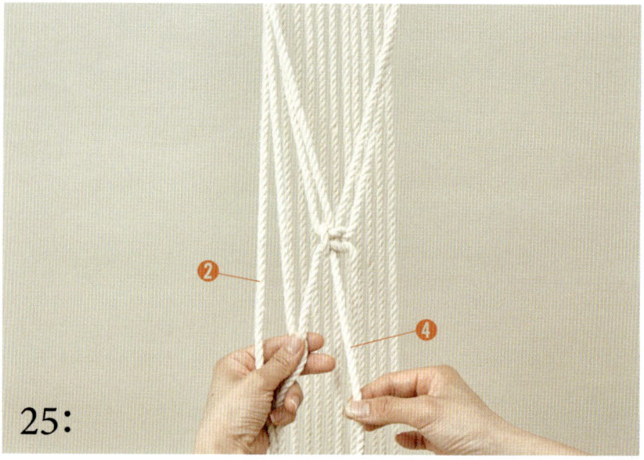

25:

이번에는 ①과 ③을 중심줄로 정해 가운데로 모으고,
②와 ④를 엮는줄로 정한다.

26: 과정 17~22처럼 평매듭 1세트를 완성한다.

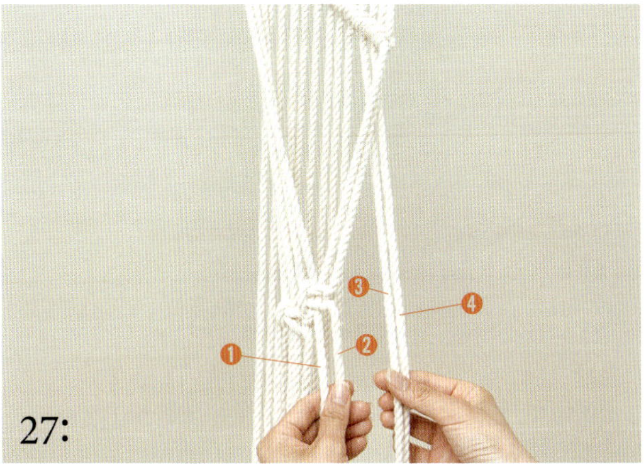

27: 다시 평매듭을 만들기 위해 첫 번째 평매듭 아래 줄 2개, 오른편의 새로운 줄 2개, 총 4개의 줄을 잡고 ①-②-③-④로 정한다.

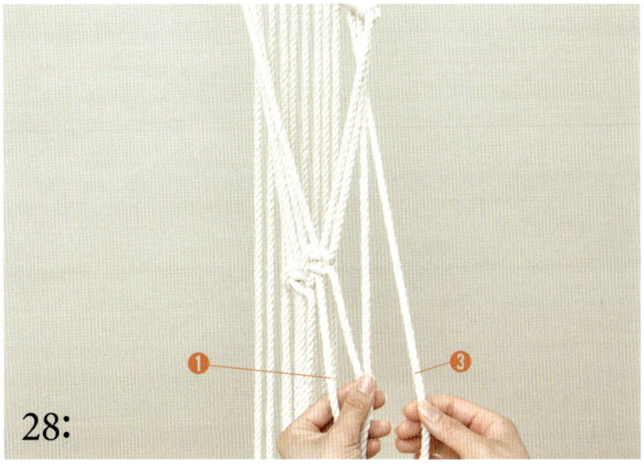

28: 이번에는 ②와 ④를 중심줄로 정해 가운데로 모으고, ①과 ③을 엮는줄로 정한다.

29: 평매듭 1세트를 완성한다.

30: 다시 평매듭을 만들기 위해 3개의 평매듭 아래 중심부 줄 4개를 잡고 가운데 두 줄을 중심줄로, 양쪽 가장자리 줄을 엮는줄로 정해 평매듭 1세트를 완성한다.

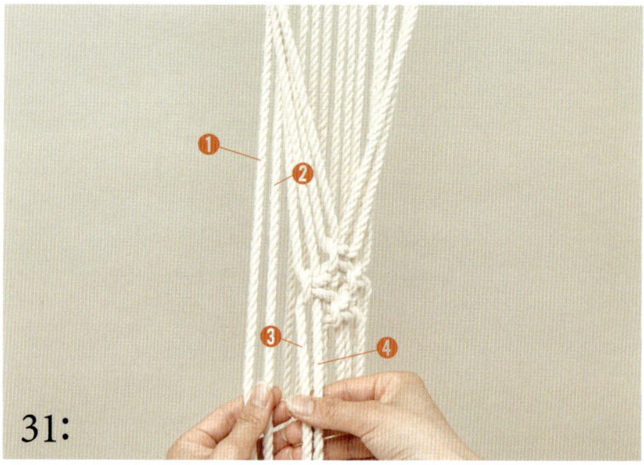

31: 다시 평매듭을 만들기 위해 맨 왼편의 새로운 줄 2개, 평매듭 아래의 맨 왼쪽 줄 2개, 총 4개의 줄을 잡고 ①-②-③-④로 정한다.

32: 이번에는 ①과 ③을 중심줄로 정해 가운데로 모으고, ②와 ④를 엮는줄로 정해 평매듭 1세트를 완성한다.

33: 다시 평매듭을 만들기 위해 오른쪽 평매듭의 가장 오른쪽 줄 2개, 바로 옆 오른쪽 줄 2개, 총 4개의 줄을 잡고 ①-②-③-④로 정한다.

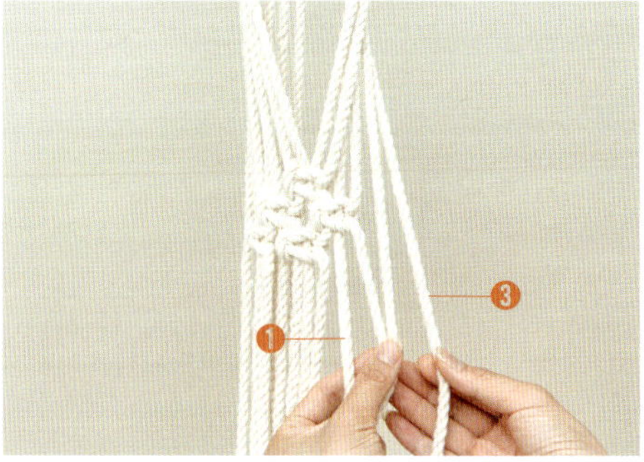

34: 이번에는 ②와 ④를 중심줄로 정해 가운데로 모으고,
①과 ③을 엮는줄로 정해 평매듭 1세트를 완성한다.

35: 사진처럼 왼편 평매듭 아래 4개의 줄을 잡고 평매듭 1세트를 완성한다.

a.

b.

c.

36:

사진처럼 오른편 평매듭 아래 4개의 줄을 잡고
평매듭 1세트를 완성한다.

37: 다시 평매듭을 만들기 위해 오른쪽 평매듭의 가장 오른쪽 줄 2개, 바로 옆 오른쪽 줄 2개, 총 4개의 줄을 잡고 ②와 ④를 중심줄로, ①과 ③을 엮는줄로 정해 평매듭 1세트를 완성한다.

38: 다시 평매듭을 만들기 위해 왼쪽 평매듭의 가장 왼쪽 줄 2개, 바로 옆 왼쪽 줄 2개, 총 4개의 줄을 잡고 ①과 ③을 중심줄로, ②와 ④를 엮는줄로 정해 평매듭 1세트를 완성한다.

39: 사진처럼 왼편 평매듭 아래 4개의 줄을 잡고 평매듭 1세트를 완성한다.

40: 사진처럼 중심부 평매듭 아래 4개의 줄을 잡고 평매듭 1세트를 완성한다.

41: 사진처럼 오른편 평매듭 아래 4개의 줄을 잡고 평매듭 1세트를 완성한다.

42: 플랜트행어의 뒷면이 앞으로 오게 좌우를 뒤집어 건다.

43: 양쪽 가장자리에서 줄 2개씩을 잡고 평매듭 1세트를 완성한다.

44:

마지막 평매듭 바로 아래쪽에 래핑용 60cm 줄 1개를 U자모양으로 배치하고 U자의 하단을 매듭줄과 함께 단단히 붙든다.

45: 래핑용 줄의 긴 쪽을 시계 방향으로 촘촘히 돌리며 8회 말아준다.

wrapping knot

래핑매듭

과정 44~47 참조

46: 남은 줄의 끝자락을 래핑매듭 아래쪽에 생긴 고리에 넣어 붙잡고,
위쪽에 짧게 삐져나온 래핑용 줄을 위로 단단히 당긴다.

47:

위아래 남은 래핑용 줄을 바짝 자른다.

48:

아래쪽 장식용 줄을 원하는 길이로 잘라 마무리한다.

완성

우드볼
플랜트행어

EASY MACRAMÉ

6

나무구슬로 포인트를 준

우드볼 플랜트행어

Wood Beads Plant Hanger

가느다란 실로 만들어 섬세함을 극대화시킨 플랜트행어에요. 실의 굵기만 바꿔도 분위기가 사뭇 달라지지 않았나요? 매듭의 작은 변화가 잘 드러나도록 가느다란 실을 사용했지만, 자칫 밋밋하게 보일 수 있어서 중간에 나무구슬로 장식해 시선을 끌어올렸어요. 선이 가늘거나 아기자기한 식물로 깨끗하고 순수한 분위기를 연출해보세요.

준비

매듭용 : 면 로프(18합/1.5mm) — 3m*8개
래핑용 : 면 로프(18합/1.5mm) — 50cm*2개
우드볼(목구슬, 지름 10mm) — 4개

매듭

평돌기매듭
평매듭
래핑매듭

과정

1: 매듭용 3m 줄 8개를 모두 반으로 접어 S자고리에 건다.

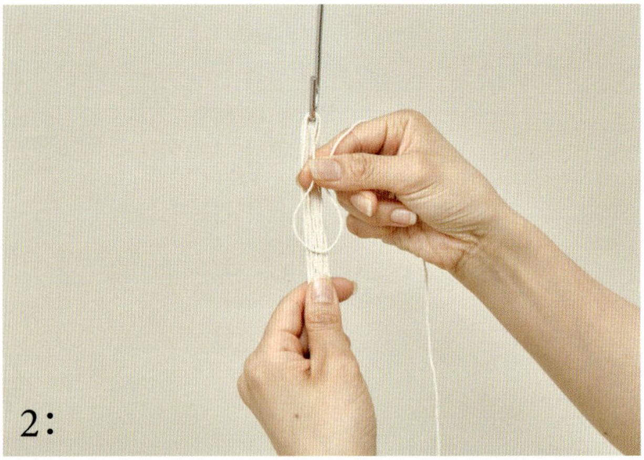

2: 래핑용 50cm 줄 1개를 U자모양으로 잡고 매듭용 줄 상단에 배치한다.

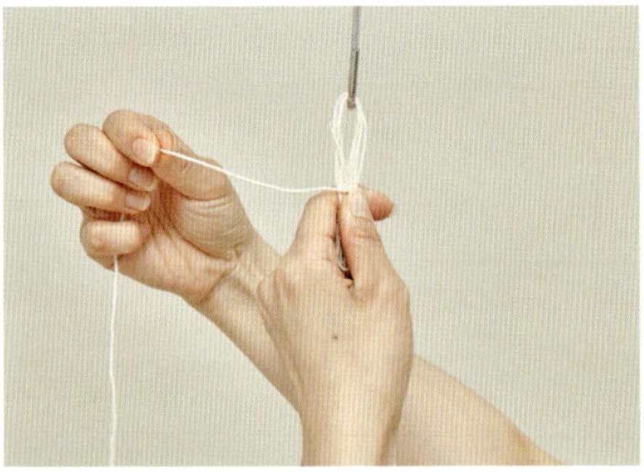

3: U자의 하단을 매듭줄과 함께 단단히 붙들고, 래핑용 줄의 긴 쪽을 시계 방향으로 돌리며 말아준다.

4: 10회를 촘촘히 말아준 다음, 남은 줄의 끝자락을 래핑매듭 아래쪽에 생긴 고리에 넣는다.

5: 고리에 넣은 줄을 붙잡고 위쪽에 짧게 삐져나온 래핑용 줄을 위로 단단히 당긴다.

6: 위아래 남은 래핑용 줄을 바짝 자른다.

wrapping knot
래핑매듭

과정 2~6 참조

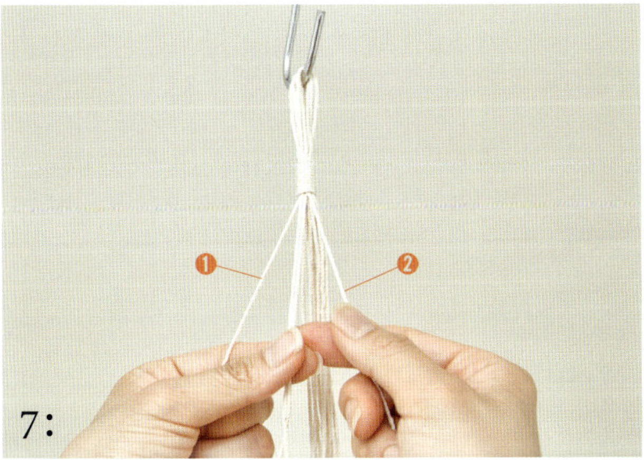

7: 나란히 붙어있는 줄 4개를 잡아 가운데 두 줄을 중심줄로, 양쪽 가장자리 줄을 엮는줄 ①, ②로 정한다.

8: ①을 중심줄 위에 L자모양으로 배치하고, 그 위에 ②를 두어 숫자 4모양을 만든다.

half square knot
평돌기매듭

과정 7~10 참조

9: ②를 중심줄 뒤쪽으로 감아 왼쪽 고리 안으로 통과시킨다.

10:

엮는줄 2개를 양쪽으로 당긴다.

여기까지가 평돌기매듭의 반 매듭이고, 1회 더 매듭지어주면 평돌기매듭 1세트가 완성이에요.

11: 과정 7~10의 평돌기매듭을 8cm 길이가 될 때까지 반복한다.

12:

매듭 아래쪽 줄 4개를 모두 잡고 우드볼의 구멍에
줄을 끼워 올린다.

13: 다시 과정 7~10의 평돌기매듭을 2cm 길이가 될 때까지 반복한다.

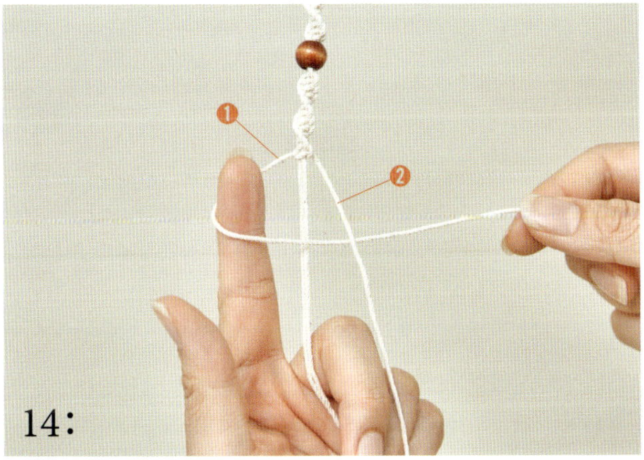

14:

마지막 평돌기매듭 1cm 아래 지점에서, ①을 중심줄 위에 L자모양으로 배치하고, 그 위에 ②를 두어 숫자 4모양을 만든다.

15:

②를 중심줄 뒤쪽으로 감아 왼쪽 고리 안으로 통과시키고 양쪽으로 당긴다.

16:

오른쪽으로 옮겨진 ①을 좌우 뒤집힌 L자모양으로 중심줄 위에 배치하고, 그 위에 ②를 두어 숫자 4모양을 만든다.

square knot

평매듭

과정 14~17 참조

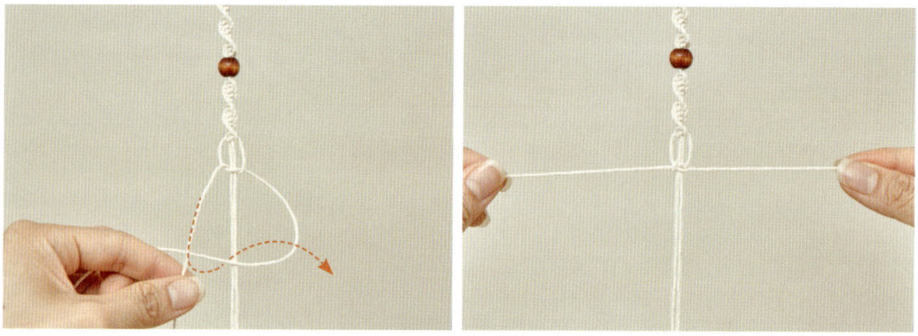

17: ②를 중심줄 뒤쪽으로 감아 오른쪽 고리 안으로 통과시키고 양쪽으로 당겨 평매듭 1세트를 완성한다.

18:

과정 14~17을 6회 더 반복하여 세로형 평매듭을 총 7세트 완성한다.

19:

남은 12개의 줄도 4줄씩 나누고 과정 7~18을 반복하여 세로형 평매듭을 완성한다.

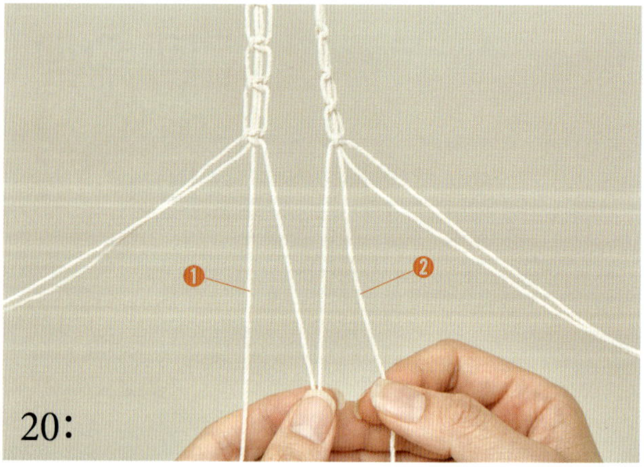

20:

나란히 붙어있는 매듭줄 2개를 잡고, 각각의 줄에서 나란한 줄을 2개씩 가져와 가운데 두 줄을 중심줄로, 양쪽 가장자리 줄을 엮는줄 ①, ②로 정한다.

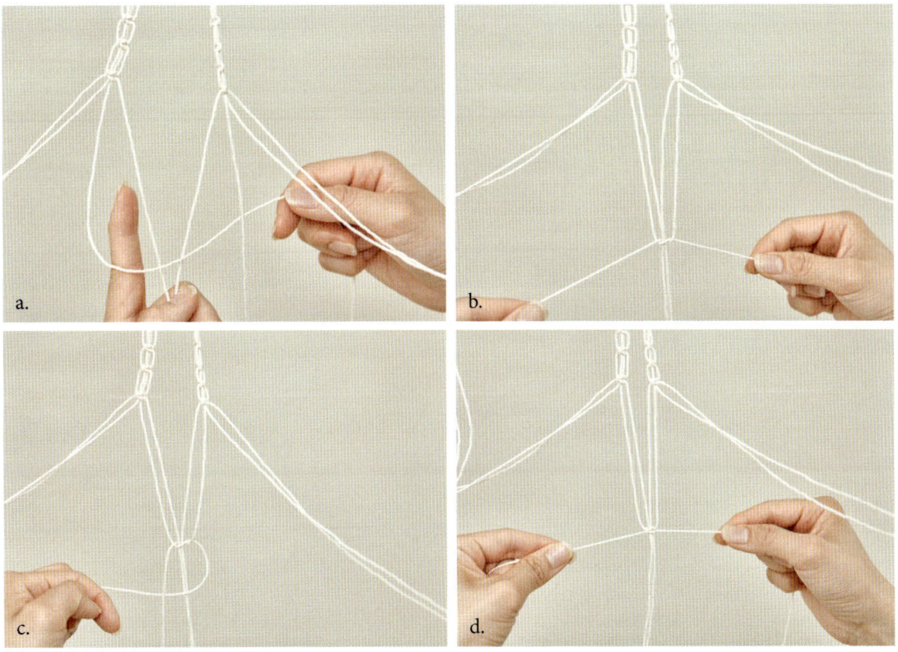

21: 마지막 평매듭 10cm 아래 지점에 다시 평매듭 1세트를 만든다.

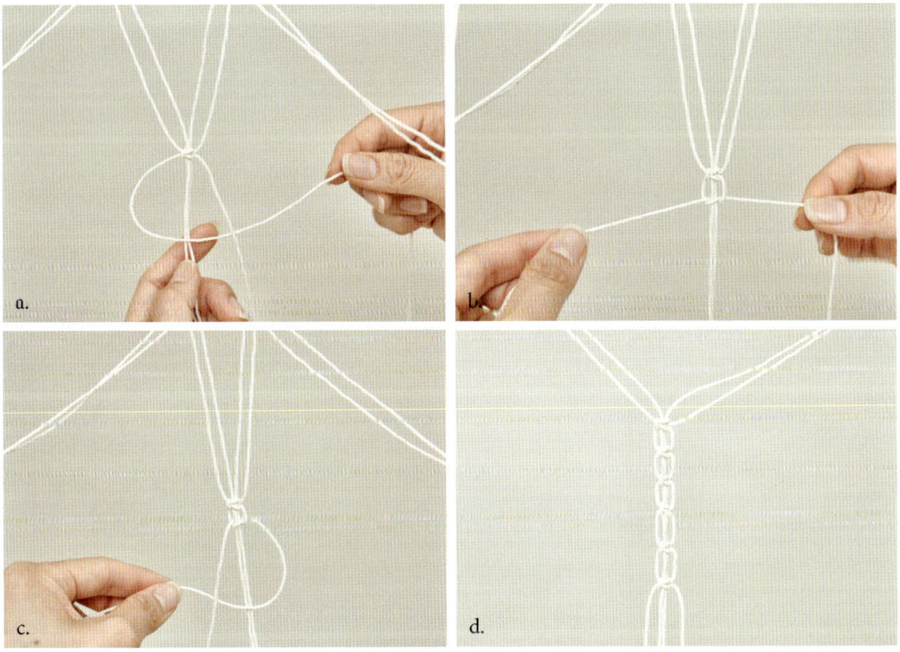

22: 다시 1cm 아래 지점에 평매듭을 만들어 매듭 사이의 공간을 띄우고,
평매듭을 5개 더 반복해 총 6세트의 세로형 평매듭을 완성한다.

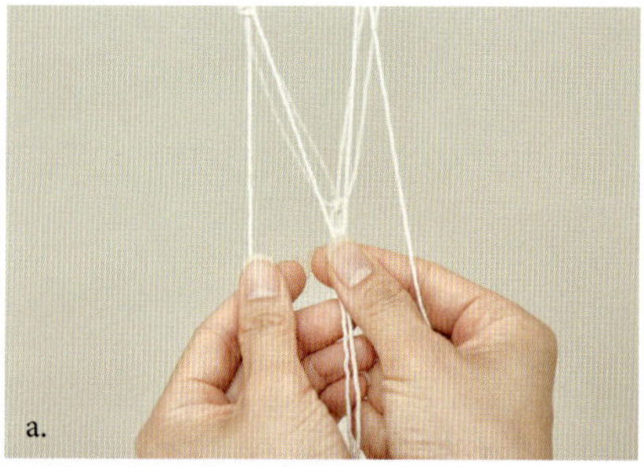
a.

b.

c.

d.
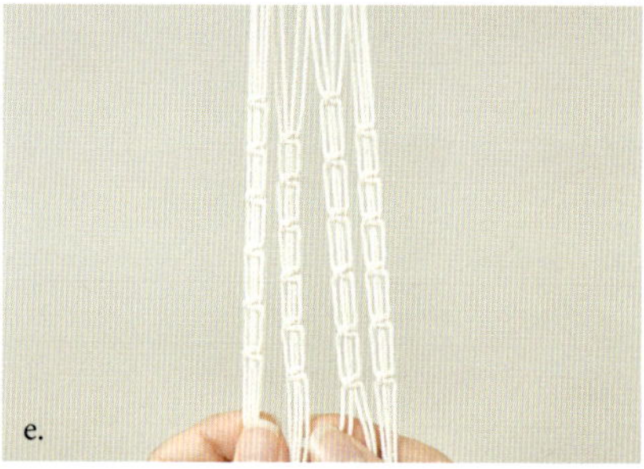
e.

23:

다시 나란히 붙은 줄 4개를 잡고 과정 20~22의 평매듭을 완성하고, 나머지 남은 실도 모두 똑같이 세로형 평매듭을 완성한다.

24:

래핑용 50cm 줄 1개를 U자모양으로 잡고 매듭의 6cm 아래 지점에 배치한다.

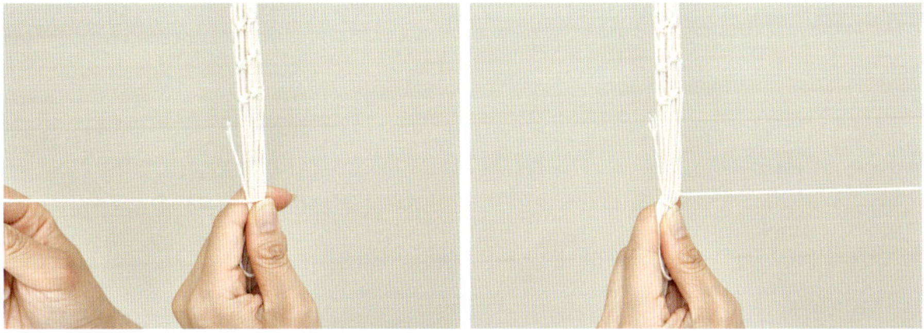

25: U자의 하단을 매듭줄과 함께 단단히 붙들고, 래핑용 줄의 긴 쪽을 시계 방향으로 돌리며 말아준다.

26:

10회를 촘촘히 말아준 다음, 남은 줄의 끝자락을 래핑매듭 아래쪽에 생긴 고리에 넣는다.

27:

고리에 넣은 줄을 붙잡고 위쪽에 짧게 삐져나온 래핑용 줄을 위로 단단히 당긴다.

28:

위아래 남은 래핑용 줄을 바짝 자른다.

29:

남은 줄을 원하는 길이로 잘라 마무리한다.

완성

빅 메탈링
플랜트행어

EASY MACRAMÉ

7

믹스매치로 시크하게

빅 메탈링 플랜트행어

Big Metal Ring Plant Hanger

마치 캥거루의 아기주머니처럼 식물을 포근하게 담아낼 수 있는 디자인으로, 화분 위에도 화병꽂이 용도로 활용하기 좋은 작품이에요. 커다란 메탈링과 각이 살아있는 평매듭, 둥그렇게 말린 다이아몬드패턴까지, 위치마다 매듭의 다양한 매력을 엿볼 수 있어요. 시크하면서도 귀여운 플랜트행어에 식물을 과감하게 믹스매치해봐요.

준비

매듭용 : 면 로프(150합/5mm) — 2m 50cm＊10개
래핑용 : 면 로프(150합/5mm) — 50cm＊1개
메탈링(지름 18cm) — 1개

매듭

레이스매듭
평매듭
래핑매듭

과정

1:

S자고리에 메탈링을 건다.

2:

매듭용 2m 50cm 줄 1개를 반으로 접어 고리가 생긴 쪽을 메탈링 안에 넘겨 건다.

3:

줄의 끝자락을 고리 안으로 넣는다.

4:

고리 안의 두 줄을 아래로 당겨 단단히 조인 레이스매듭을 만든다.

lark's head knot

레이스매듭

과정 2~4 참조

5:

계속해서 나머지 매듭용 줄 7개도 과정 2~4처럼 레이스매듭을 만든다.

6: 맨 왼쪽 줄 4개를 잡아 가운데 두 줄을 중심줄로, 양쪽 가장자리 줄을 엮는줄 ①, ②로 정한다.

7: ①을 중심줄 위에 L자모양으로 배치하고, 그 위에 ②를 두어 숫자 4모양을 만든다.

8: ②를 중심줄 뒤쪽으로 감아 왼쪽 고리 안으로 통과시키고 엮는줄 2개를 양쪽으로 당긴다.

9: 오른쪽으로 옮겨진 ①을 좌우 뒤집힌 L자모양으로 중심줄 위에 배치하고, 그 위에 ②를 두어 좌우 뒤집힌 숫자 4모양을 만든다.

square knot

평매듭

과정 6~10 참조

10: ②를 중심줄 뒤쪽으로 감아 오른쪽 고리 안으로 통과시키고
양쪽으로 당겨 평매듭 1세트를 완성한다.

a.

b.

평매듭이
일직선 모양이
되게 높이를 맞춰
매듭지어요.

c.

11:

나머지 줄도 4개씩 잡아 과정 6~10처럼 평매듭을 1세트씩,
총 5세트를 완성한다.

12: 평매듭 3cm 아래 지점에서, 맨 왼쪽의 2줄을 남기고 줄 4개를 잡아
다시 평매듭 1세트를 완성한다.

13: 오른쪽으로 줄 4개씩를 잡고 평매듭을 1세트씩, 총 4세트를 완성하고,
맨 오른쪽 2줄은 남긴다.

14: 다시 평매듭 3cm 아래 지점에서, 맨 왼쪽의 4줄을 남기고 줄 4개를 잡아
평매듭 1세트를 완성한다.

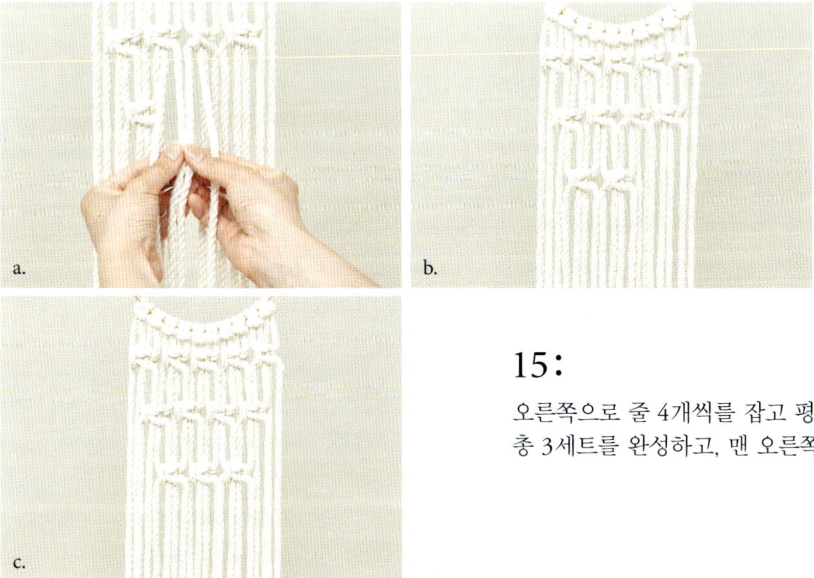

15:

오른쪽으로 줄 4개씩를 잡고 평매듭을 1세트씩,
총 3세트를 완성하고, 맨 오른쪽 4줄은 남긴다.

16: 다시 평매듭 3cm 아래 지점에서, 맨 왼쪽의 6줄을 남기고
줄 4개를 잡아 평매듭 1세트를 완성한다.

17: 오른쪽 줄 4개를 잡고 평매듭 1세트를 더 완성하고, 맨 오른쪽 6줄은 남긴다.

18: 다시 평매듭 3cm 아래 지점에서, 맨 왼쪽의 8줄을 남기고 줄 4개를 잡아
평매듭 1세트를 완성하고, 맨 오른쪽 8줄은 남겨 트라이앵글패턴을 완성한다.

19:

양쪽 가장자리에 있는 줄을 각각 2개씩 총 4줄을 잡고
①-②-③-④로 정한다.

20:

①과 ④를 중심줄로 정해 사진처럼 가운데로 모으고,
남은 줄을 엮는줄 ②, ③으로 정한다.

21:

정가운데 평매듭 15cm 아래 지점에서 평매듭 1세트를 완성한다.

22:

다시 왼편의 새로운 줄 2개, 평매듭 아래의 가장 왼쪽 줄 2개,
총 4개의 줄을 잡고 ①-②-③-④로 정한다.

23: 이번에는 ①과 ③을 중심줄로 정해 가운데로 모으고,
②와 ④를 엮는줄로 정해 평매듭 1세트를 완성한다.

24:

다시 오른편의 새로운 줄 2개, 평매듭 아래의 가장 오른쪽
줄 2개, 총 4개의 줄을 잡고 ①-②-③-④로 정한다.

25: 이번에는 ②와 ④를 중심줄로 정해 가운데로 모으고, ①과 ③을 엮는줄로 정해 평매듭 1세트를 완성한다.

26:

다시 왼편의 새로운 줄 2개, 평매듭 아래의 가장 왼쪽 줄 2개, 총 4개의 줄을 잡고 ①-②-③-④로 정한다.

27: 이번에는 ①과 ③을 중심줄로 정해 가운데로 모으고, ②와 ④를 엮는줄로 정해 평매듭 1세트를 완성한다.

28:

바로 오른쪽 4줄을 잡고 가운데 두 줄을 중심줄로, 양쪽 가장자리 줄을 엮는줄 ①, ②로 정한다.

29:

평매듭 1세트를 완성한다.

30:

다시 오른편의 새로운 줄 2개, 평매듭 아래의 가장 오른쪽 줄 2개, 총 4개의 줄을 잡고 ①-②-③-④로 정한다.

31: 이번에는 ②와 ④를 중심줄로 정해 가운데로 모으고, ①과 ③을 엮는줄로 정해 평매듭 1세트를 완성한다.

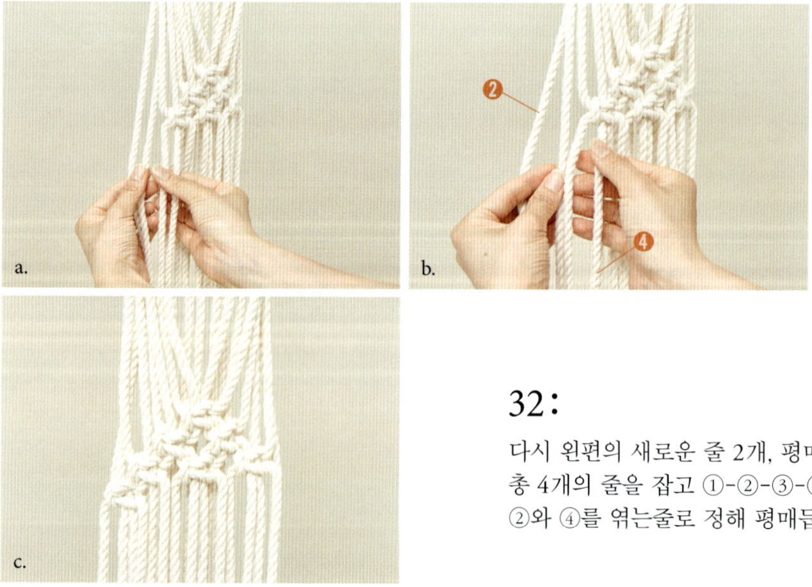

32:

다시 왼편의 새로운 줄 2개, 평매듭 아래의 가장 왼쪽 줄 2개, 총 4개의 줄을 잡고 ①-②-③-④로 정한 다음, ①과 ③을 중심줄로, ②와 ④를 엮는줄로 정해 평매듭 1세트를 완성한다.

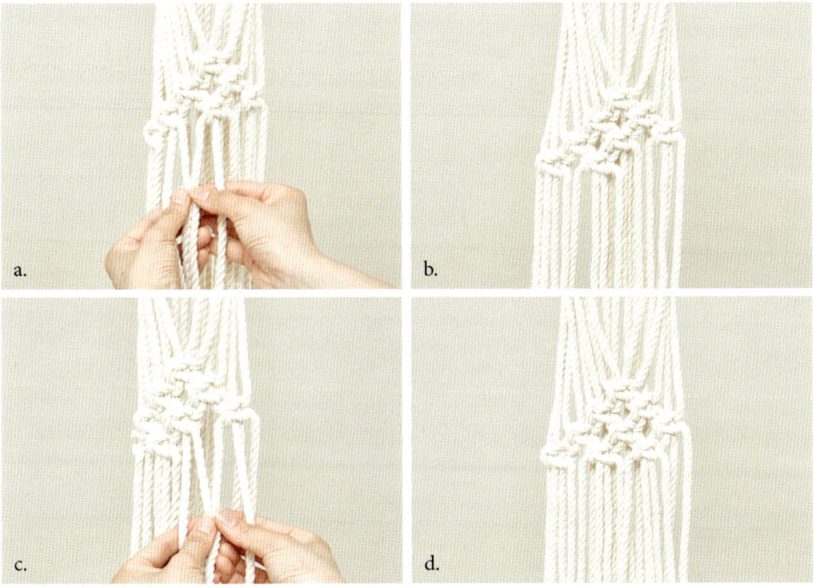

33:

바로 오른쪽 4줄을 잡고 가운데 두 줄을 중심줄로, 양쪽 가장자리 줄을 엮는줄 ①, ②로 정해 평매듭 1세트를 완성하고, 바로 옆 4줄도 잡아 평매듭 1세트를 더 완성한다.

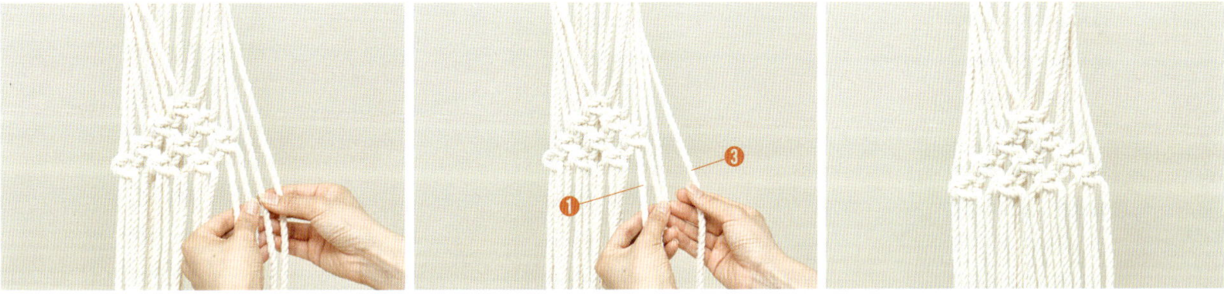

34: 다시 오른편의 새로운 줄 2개, 평매듭 아래의 가장 오른쪽 줄 2개, 총 4개의 줄을 잡고 ①-②-③-④로 정한 다음, ②와 ④를 중심줄로, ①과 ③을 엮는줄로 정해 평매듭 1세트를 완성한다.

35: 다시 왼편의 새로운 줄 2개, 평매듭 아래의 가장 왼쪽 줄 2개, 총 4개의 줄을 잡고 ①-②-③-④로 정한 다음, ①과 ③을 중심줄로, ②와 ④를 엮는줄로 정해 평매듭 1세트를 완성한다.

36:

바로 오른쪽 4줄을 잡고 가운데 두 줄을 중심줄로, 양쪽 가장자리 줄을 엮는줄 ①, ②로 정해 평매듭 1세트를 완성하고, 오른쪽으로 4줄씩 잡아 평매듭 3세트를 더 완성한다.

37:

다시 오른편의 새로운 줄 2개, 평매듭 아래의 가장 오른쪽 줄 2개, 총 4개의 줄을 잡고 ①-②-③-④로 정한 다음, ②와 ④를 중심줄로, ①과 ③을 엮는줄로 정해 평매듭 1세트를 완성한다.

38: 다시 맨 왼쪽의 2줄을 남기고 줄 4개를 잡아 평매듭 1세트를 완성한다.

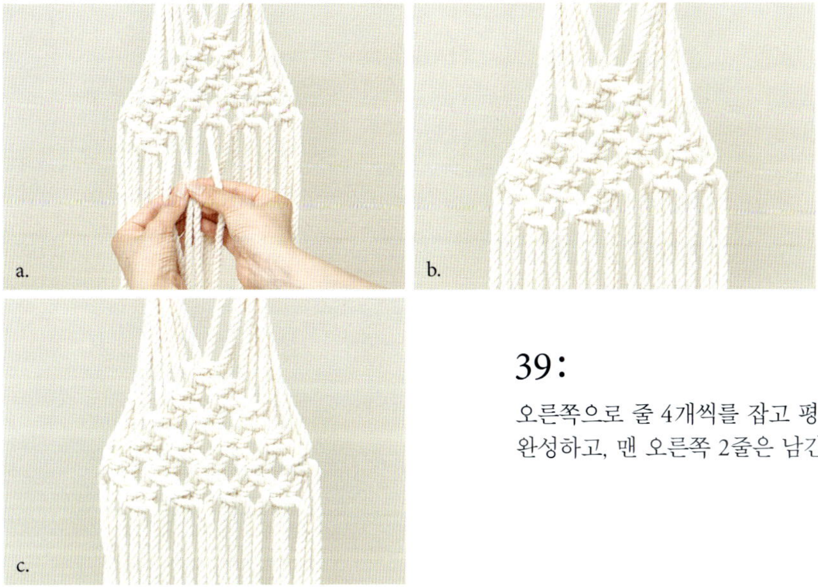

39:

오른쪽으로 줄 4개씩를 잡고 평매듭을 1세트씩, 총 4세트를 완성하고, 맨 오른쪽 2줄은 남긴다.

40: 플랜트행어의 뒷면이 앞으로 오게 좌우를 뒤집어 건다.

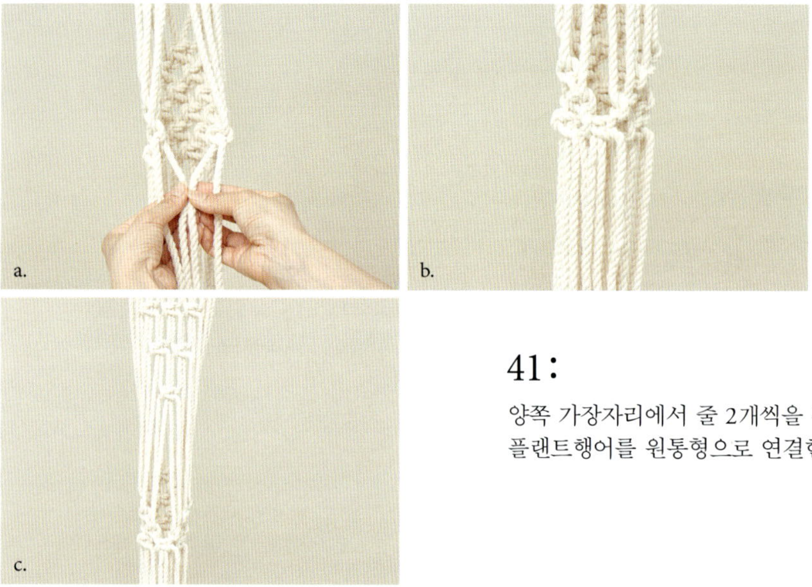

41:

양쪽 가장자리에서 줄 2개씩을 잡고 평매듭 1세트를 완성해
플랜트행어를 원통형으로 연결한다.

42:

취향에 따라 하단을 래핑매듭으로 정리하거나,
남은 줄을 원하는 길이로 잘라 마무리한다.

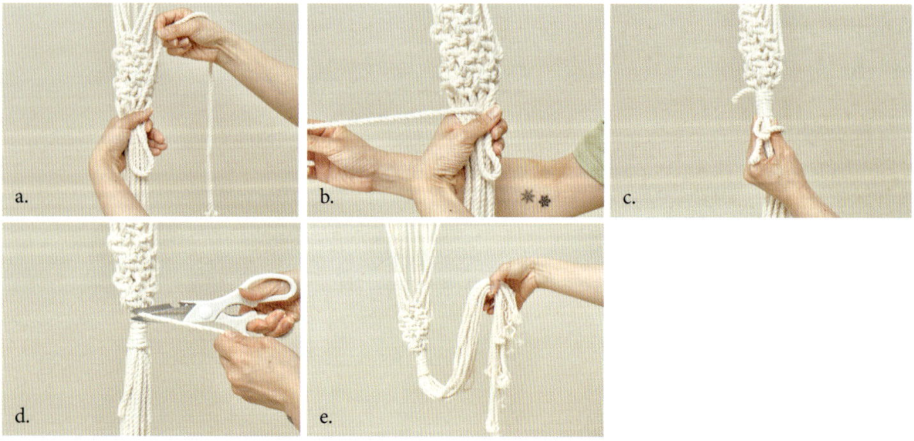

wrapping knot

래핑매듭

과정 42 참조

완성

클래식
플랜트행어

EASY MACRAMÉ

8

때론 단정한 스타일로

클래식 플랜트행어

Classic Plant Hanger

나선형 플랜트행어와 비슷한 형태이지만, 크라운매듭법을 사용했더니 분위기가 많이 달라졌어요. 나선형 플랜트행어가 곡선 실루엣으로 부드러운 느낌이었다면, 클래식 플랜트행어는 단단하면서도 다부진 느낌이 강해요. 지탱하는 매듭이 도톰한 편이라 무게감이 느껴지거나 볼륨감이 있는 오브제를 매치해도 잘 어울려요.

준비

매듭용 : 면 로프(150합/5mm) — 4m*2개
래핑용 : 면 로프(150합/5mm) — 70cm*1개

매듭

크라운매듭
래핑매듭

과정

1: 매듭용 4m 줄 2개를 반으로 접어 S자고리에 건다.

2: 래핑용 70cm 줄 1개를 U자모양으로 잡고 매듭용 줄 상단에 배치한다.

3: U자의 하단을 매듭줄과 함께 단단히 붙들고, 래핑용 줄의 긴 쪽을 시계 방향으로 돌리며 말아준다.

wrapping knot
래핑매듭

과정 2~6 참조

4: 7회를 촘촘히 말아준 다음, 남은 줄의 끝자락을 래핑매듭 아래쪽에 생긴 고리에 넣는다.

5: 고리에 넣은 줄을 붙잡고 위쪽에 짧게 삐져나온 래핑용 줄을 위로 단단히 당긴다.

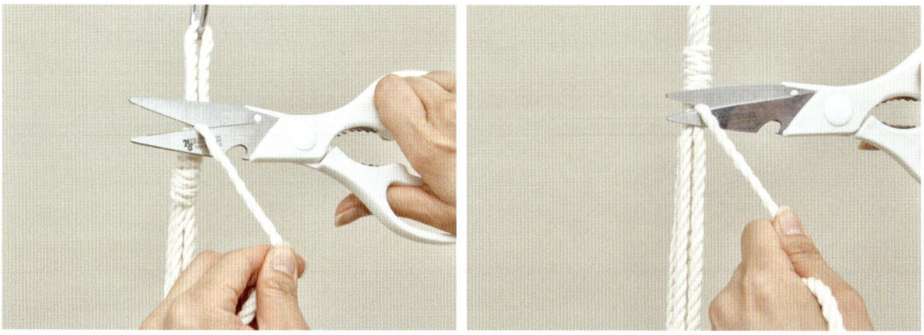

6: 위아래 남은 래핑용 줄을 바짝 자른다.

손등이 아닌, 탁자 위에 두고 매듭을 만들어도 좋아요.

7: S자고리에서 매듭을 빼고 래핑매듭을 손바닥에 거꾸로 쥔 다음,
사진처럼 줄 4개를 손등에 십자모양으로 배치한다.

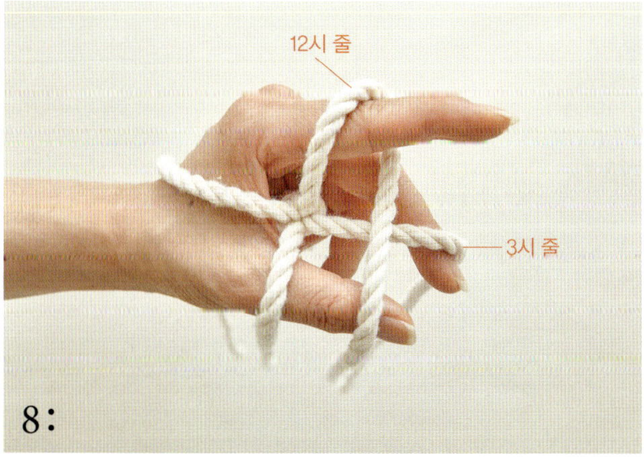

12시 방향에 있는 줄을 검지 바깥쪽에 걸고 접어서
3시 방향 줄 위에 포갠다.

3시 방향 줄을 6시 방향 줄 위에 접어서 포갠다.

crown knot

크라운매듭

과정 7~12 참조

10: 6시 방향 줄을 잡고 9시 방향 줄 위에 접어서 포갠다.

11: 9시 방향 줄을 오른쪽 12시 방향으로 접어 검지로 만들고 있던 고리에 통과시킨다.

12: 12시·3시·6시·9시 방향의 줄 4개를 각 방향으로 잡아당겨 크라운매듭 1세트를 완성한다.

13: 과정 7~12를 24회 반복하여 크라운매듭을 총 24세트 완성한다.

크라운매듭 45cm 아래 지점에 다시 줄을 십자모양으로 배치한 다음, 과정 8~12를 8회 반복하여 크라운매듭 8세트를 완성하며 마무리한다.

매듭 아래
45cm 간격을
두고 다시
크라운매듭을
시작해요.

완성

PART 3

감성적인 인테리어 오브제

월행잉

Wall Hanging

월행잉은 사용하는 매듭법이나 실의 굵기, 패턴, 크기에 따라 작품과 공간의 분위기를 크게 변화시키는 소품이에요. 가느다란 실을 쓰면 섬세하고 감성적인 반면, 굵은 실로 여러 가지 패턴을 활용하면 화려하고 대담한 작품이 완성되지요. 심플하고 트렌디한 디자인으로 어렵지 않게 만들 수 있는 작품을 소개하니 프린지 장식을 더하거나 마무리 커팅 방향을 바꾸어가며 나만의 개성을 더해도 좋아요.

심플
월행잉

EASY MACRAMÉ

9

평매듭으로 손쉽게 만드는

심플 월행잉

Simple Wall Hanging

매듭이 시원시원하게 뻗어나가는 심플 월행잉은 과정이 매우 간단해서 많은 분에게 꾸준히 사랑받는 작품이에요. 만드는 수고에 비해 작품이 아름다워서 어느 공간에나 잘 어울리거든요. 책에서 만든 것처럼 평매듭의 간격을 넓게 잡으면 단순한 멋이 살아나고, 매듭의 간격과 높이를 촘촘하게 잡으면 아기자기한 분위기를 내니 다양한 방법으로 응용해서 만들어봐요.

준비	매듭줄: 면 로프(150합/5mm) — 3m*8개 자작나무(두께 1.5cm/길이 40cm) — 1개	매듭	레이스매듭 평매듭

과정

1:

행어에 S자고리 2개를 걸고 자작나무를 걸친다.

2:

줄 1개를 반으로 접어 고리가 생긴 쪽을 자작나무 뒤로 넘겨 건다.

3:

줄의 끝자락을 고리 안으로 넣는다.

4:

고리 안의 두 줄을 아래로 당겨 단단히 조인 레이스매듭을 만든다.

5:

나머지 줄 7개도 과정 2~4처럼 레이스매듭을 완성한다.

lark's head knot

레이스매듭

과정 2~4 참조

레이스매듭 8cm 아래 지점에서 맨 왼쪽 줄 4개를 잡고,
가운데 두 줄을 중심줄로, 양쪽 가장자리 줄을
엮는줄 ①, ②로 정한다.

①을 중심줄 위에 L자모양으로 배치하고,
그 위에 ②를 두어 숫자 4모양을 만든다.

8: ②를 중심줄 뒤쪽으로 감아 왼쪽 고리 안으로 통과시키고
엮는줄 2개를 양쪽으로 당긴다.

오른쪽으로 옮겨진 ①을 좌우 뒤집힌 L자 모양으로
중심줄 위에 배치하고, 그 위에 ②를 두어 좌우 뒤집힌
숫자 4모양을 만든다.

10: ②를 중심줄 뒤쪽으로 감아 오른쪽 고리 안으로 통과시키고 양쪽으로 당긴다.

square knot

평매듭

과정 7~10 참조

11:

다시 사진처럼 레이스매듭 2개의 줄 4개를 잡고 중심줄과 엮는줄로 나눈다.

12: 과정 7~10번처럼 평매듭 1세트를 완성한다.

13: 나머지 줄도 4개씩 잡아서 총 4세트의 평매듭을 완성한다.

14: 평매듭 8cm 아래 지점에서 평매듭 2세트를 모아 가운데 줄 4개를 잡고, 다시 가운데 두 줄을 중심줄로, 양쪽 가장자리 줄을 엮는줄 ①, ②로 정한다.

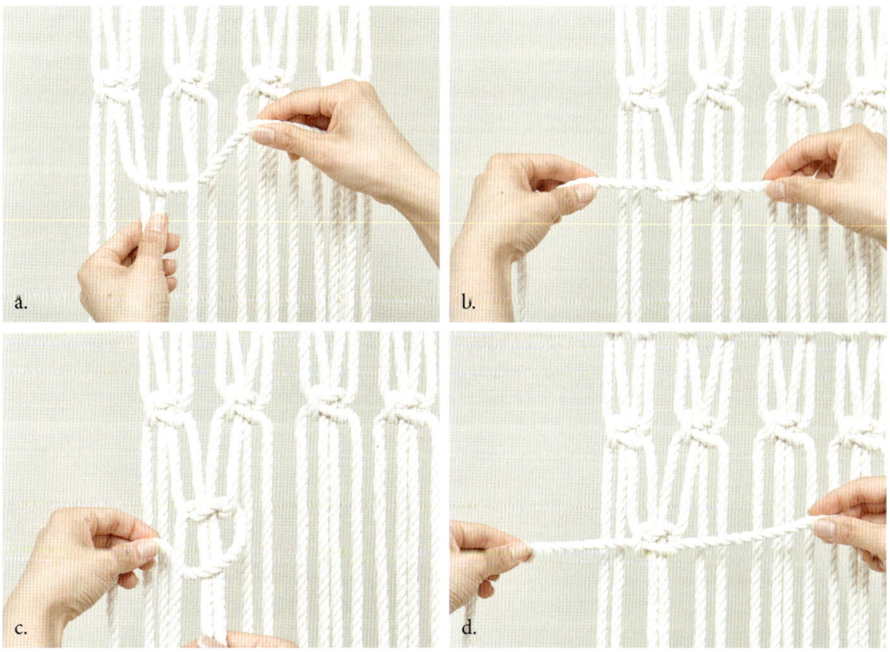

15: 평매듭 1세트를 완성한다.

다시 방금 만든 평매듭 바로 옆의 줄 4개를 잡아 평매듭 1세트를 완성한다.

바로 옆의 4줄 또한 평매듭을 완성하여 둘째 단에 총 3세트의 평매듭을 완성한다.

다시 평매듭 8cm 아래 지점에서 맨 왼쪽 줄 4개를 잡고, 가운데 두 줄을 중심줄로, 양쪽 가장자리 줄을 엮는줄 ①, ②로 정한다.

평매듭 1세트를 완성한다.

다시 방금 만든 평매듭 바로 옆의 줄 4개를 잡아
평매듭 1세트를 완성한다.

남은 줄도 4줄씩 잡고 평매듭을 완성하여 셋째 단에
총 4세트의 평매듭을 완성한다.

평매듭 8cm 아래 지점에서 평매듭 2세트를 모아
가운데 줄 4개를 잡고, 다시 가운데 두 줄을 중심줄로,
양쪽 가장자리 줄을 엮는줄 ①, ②로 정한다.

평매듭 1세트를 완성한다.

다시 방금 만든 평매듭 바로 옆의 줄 4개를
잡아 평매듭 1세트를 완성한다.

25:

바로 옆의 4줄 또한 평매듭을 완성하여 넷째 단에 총 3세트의 평매듭을 완성한다.

26:

과정 6~25까지 1회 더 반복하여 총 8단으로 이루어진 매듭발을 완성한다.

27:

남은 줄을 원하는 길이로 잘라 마무리한다.

완성

트라이앵글
패턴
월행잉

EASY MACRAMÉ

10

전 통 과 현 대 의 조 화

트라이앵글패턴 월행잉

Triangle Pattern Wall Hanging

트라이앵글패턴 월행잉은 전통적인 느낌과 모던한 분위기를 모두 가진 오묘한 작품이에요. 촘촘한 역삼각형패턴과 월행잉 한가운데에서 중요한 포인트가 되어주는 다이아몬드패턴, 나무의 질감이 살아있는 자작나무 가지까지 어느 것 하나 튀는 것 없이 조용히 자기 역할에 충실합니다. 적당한 무게감 덕분에 풍기는 차분한 감성으로 공간과 조화롭게 어울릴 거예요.

준비

매듭용 : 면 로프(60합/3mm) — 2m 50cm*20개
자작나무(두께 1.5cm/길이 40cm) — 1개

매듭

레이스매듭
평매듭

과정

행어에 S자고리 2개를 걸고 자작나무를 걸친 다음, 줄 1개를 반으로 접어 고리가 생긴 쪽을 자작나무 뒤로 넘겨 건다.

줄의 끝자락을 고리 안으로 넣는다.

고리 안의 두 줄을 아래로 당겨 단단히 조인 레이스매듭을 만든다.

나머지 줄 19개도 과정 1~3처럼 레이스매듭을 완성한다.

lark's head knot

레이스매듭

과정 1~3 참조

맨 왼쪽의 줄 4개를 잡아 가운데 두 줄을 중심줄로, 양쪽 가장자리 줄을 엮는줄 ①, ②로 정한다.

6: ①을 중심줄 위에 L자모양으로 배치하고, 그 위에 ②를 두어 숫자 4모양을 만든다.

7: ②를 중심줄 뒤쪽으로 감아 왼쪽 고리 안으로 통과시키고 엮는줄 2개를 양쪽으로 당긴다.

8: 오른쪽으로 옮겨진 ①을 좌우 뒤집힌 L자모양으로 중심줄 위에 배치하고, 그 위에 ②를 두어 좌우 뒤집힌 숫자 4모양을 만든다.

square knot

평매듭

과정 5~9 참조

9: ②를 중심줄 뒤쪽으로 감아 오른쪽 고리 안으로 통과시키고
양쪽으로 당겨 평매듭 1세트를 완성한다.

10: 완성된 평매듭의 오른쪽 줄 4개를 잡고 과정 5~9처럼 평매듭 1세트를 완성한다.

11: 나머지 줄도 4줄씩 잡고 총 10세트의 평매듭을 완성한다.

12: 맨 왼쪽의 2줄을 남기고 줄 4개를 잡아 평매듭 1세트를 완성한다.

13: 계속 4줄씩 잡고 총 9세트의 평매듭을 완성하고, 맨 오른쪽 2줄은 남긴다.

14: 맨 왼쪽의 4줄을 남기고 줄 4개를 잡아 평매듭 1세트를 완성한다.

15: 계속 4줄씩 잡고 총 8세트의 평매듭을 완성하고, 맨 오른쪽 4줄은 남긴다.

16: 맨 왼쪽의 6줄을 남기고 줄 4개를 잡아 평매듭 1세트를 완성한다.

17: 계속 4줄씩 잡고 총 7세트의 평매듭을 완성하고, 맨 오른쪽 6줄은 남긴다.

18:

맨 왼쪽의 8줄을 남기고 줄 4개를 잡아 평매듭 1세트를 완성한다.

19:

계속 4줄씩 잡고 총 6세트의 평매듭을 완성하고, 맨 오른쪽 8줄은 남긴다.

20:

맨 왼쪽의 10줄을 남기고 줄 4개를 잡아 평매듭 1세트를 완성한다.

21:

계속 4줄씩 잡고 총 5세트의 평매듭을 완성하고, 맨 오른쪽 10줄은 남긴다.

22:

맨 왼쪽의 12줄을 남기고 줄 4개를 잡아 평매듭 1세트를 완성한다.

23:

계속 4줄씩 잡고 총 4세트의 평매듭을 완성하고, 맨 오른쪽 12줄은 남긴다.

24:

맨 왼쪽의 14줄을 남기고 줄 4개를 잡아 평매듭 1세트를 완성한다.

25:

계속 4줄씩 잡고 총 3세트의 평매듭을 완성하고, 맨 오른쪽 14줄은 남긴다.

26:

맨 왼쪽의 16줄을 남기고 줄 4개를 잡아 평매듭 1세트를 완성한다.

27:

계속 4줄씩 잡고 총 2세트의 평매듭을 완성하고, 맨 오른쪽 16줄은 남긴다.

28: 맨 왼쪽의 18줄을 남기고 줄 4개를 잡아 평매듭을 1세트만 만들어 월행잉 상단의 트라이앵글패턴을 완성한다.

29:

맨 마지막으로 만든 평매듭의 20cm 아래 지점에서 가운데 줄 4개를 잡고
평매듭 1세트를 완성한다.

30: 방금 만든 평매듭 4줄 중 왼쪽 2줄과 바로 왼편의 새 줄 2개, 총 4줄을 잡고 평매듭 1세트를 완성한다.

31: 방금 만든 평매듭의 바로 오른쪽 줄 4개를 잡고 평매듭 1세트를 완성한다.

32: 왼쪽 평매듭 2줄과 바로 왼편 새 줄 2개를 잡고 평매듭 1세트를 완성한다.

33:

계속 오른쪽으로 4줄씩 잡고 2세트의 평매듭을 더 완성한다.

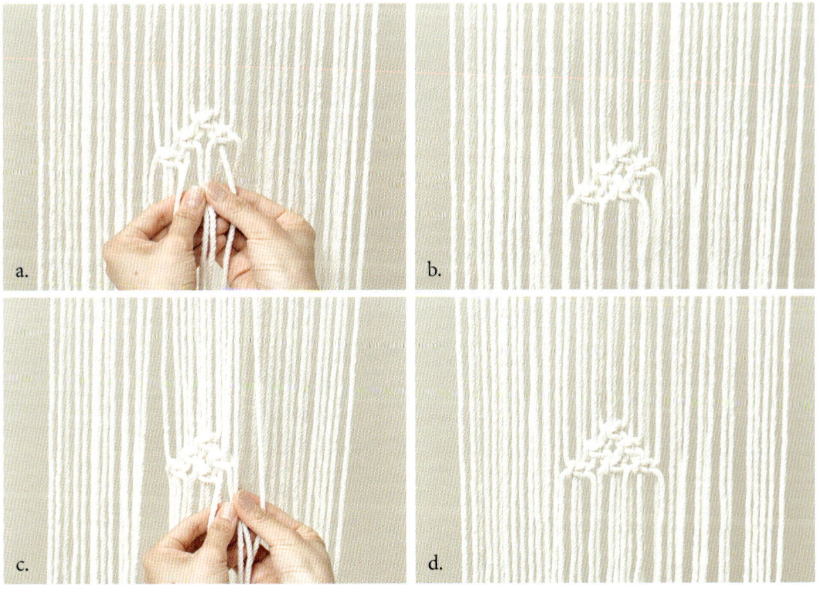

34: 방금 만든 3개의 평매듭 중에 왼편 평매듭 2개의 중심줄 4개를 잡고 평매듭 1세트를 완성한다.

35: 바로 오른쪽 줄 4개를 잡고 평매듭 1세트를 더 완성한다.

36: 방금 만든 평매듭 2개 중 가운데 줄 4개를 잡고 평매듭을 1세트만 만들어 다이아몬드패턴을 완성한다.

월행잉의 하단을 V모양으로 자르면 보다 트렌디한 느낌으로 즐길 수 있어요.

37: 남은 줄을 원하는 길이로 잘라 마무리한다.

완성

스타일리시
사선
월행잉

EASY MACRAMÉ

11

경쾌한 스타일의 디자인 소품

스타일리시 사선 월행잉

Stylish Oblique Line Wall Hanging

마크라메 작품을 만드는 중간에 변화를 주고 싶다면 사선패턴을 활용해보세요. 대체로 차분한 분위기를 자아내던 작품이 수평에서 사선으로 구획의 변화를 주는 순간, 경쾌하고 역동적인 분위기로 바뀐답니다. 프린지 끝자락까지 반대편 사선 방향으로 잘라서 스타일리시함을 잃지 않은 작품으로 인테리어 센스를 발휘해보세요.

준비

매듭용 : 면 로프(60합/3mm) — 3m 50cm*16개
자작나무(두께 1.5cm/길이 40cm) — 1개

매듭

레이스매듭
말아엮기매듭
평매듭

과정

행어에 S자고리 2개를 걸고 자작나무를 걸친 다음,
줄 1개를 반으로 접어 고리가 생긴 쪽을 자작나무 뒤로
넘겨 건다.

줄의 끝자락을 고리 안으로 넣는다.

고리 안의 두 줄을 아래로 당겨 단단히 조인
레이스매듭을 만든다.

lark's head knot

레이스매듭

과정 1~3 참조

나머지 줄 15개도 과정 1~3처럼 레이스매듭을 완성한다.

맨 왼쪽 줄 4개를 잡아 가운데 두 줄을 중심줄로,
양쪽 가장자리 줄을 엮는줄 ①, ②로 정한 다음,
①을 중심줄 위에 L자모양으로 배치하고, 그 위에 ②를
두어 숫자 4모양을 만든다.

6: ②를 중심줄 뒤쪽으로 감아 왼쪽 고리 안으로 통과시키고
엮는줄 2개를 양쪽으로 당긴다.

7:

오른쪽으로 옮겨진 ①을 좌우 뒤집힌 L자모양으로
중심줄 위에 배치하고, 그 위에 ②를 두어 좌우 뒤집힌
숫자 4모양을 만든다.

square knot
평매듭

과정 5~8 참조

8: ②를 중심줄 뒤쪽으로 감아 오른쪽 고리 안으로 통과시키고
양쪽으로 당겨 평매듭 1세트를 완성한다.

9: 아래쪽에 과정 5~8처럼 평매듭 1세트를 더 만들어 세로형 평매듭 2세트를 완성한다.

a.

b.

c.

10:

나머지 줄도 4개씩 잡아 과정 5~9처럼 세로형 평매듭 2세트씩을 완성한다.

11: 맨 왼쪽의 2줄을 남기고 줄 4개를 잡아 세로형 평매듭 2세트를 완성한다.

12 : 오른쪽 줄 4개를 잡고 세로형 평매듭 2세트를 완성하길 반복하고, 맨 오른쪽 2줄은 남긴다.

13 : 다시 맨 왼쪽 줄 4개를 잡고 세로형 평매듭 2세트를 완성한다.

14 : 오른쪽 줄 4개를 잡고 세로형 평매듭 2세트를 완성하길 반복한다.

15: 다시 맨 왼쪽의 2줄을 남기고 줄 4개를 잡아 세로형 평매듭 2세트를 완성한다.

16: 오른쪽 줄 4개를 잡고 세로형 평매듭 2세트를 완성하길 반복하고, 맨 오른쪽 2줄은 남긴다.

17: 다시 맨 왼쪽 줄 4개를 잡고 세로형 평매듭 2세트를 완성한다.

18: 오른쪽 줄 4개를 잡고 세로형 평매듭 2세트를 완성하길 반복하여 그물패턴을 완성한다.

19: 맨 왼쪽 줄 1개를 오른쪽 수평 방향으로 배치하여
중심줄로 정하고, 바로 오른쪽 줄 1개를 엮는줄로 정한다.

20: 엮는줄을 중심줄 위에 U자모양으로 배치해서
고리를 만든다.

clove hitch knot

말아엮기매듭(연결)

과정 19~23 참조

21: 엮는줄을 뒤쪽으로 감아 고리 앞쪽으로 통과시키고,
중심줄을 수평으로 유지한 채 엮는줄을 바짝 당긴다.

22: 다시 왼쪽으로 이동한 엮는줄을 중심줄 위에
U자모양으로 배치해서 고리를 만든다.

23: 엮는줄을 뒤쪽으로 감아 고리 앞쪽으로 통과시키고, 중심줄을 수평으로 유지한 채 엮는줄을 바짝 당겨 말아엮기매듭 1세트를 완성한다.

24: 다시 중심줄을 수평 방향으로 배치하고, 바로 오른쪽 줄 1개를 엮는줄로 정해 과정 20~23처럼 말아엮기매듭 1세트를 완성한다.

25: 남는 줄이 없을 때까지 수평 방향으로 말아엮기매듭을 반복해 사진처럼 완성한다.

26: 맨 오른쪽 줄 1개를 왼쪽 수평 방향으로 배치하여 중심줄로 정하고, 바로 왼쪽 줄 1개를 엮는줄로 정한다.

27: 엮는줄을 중심줄 위에 U자모양으로 배치해서 고리를 만든다.

28: 엮는줄을 뒤쪽으로 감아 고리 앞쪽으로 통과시키고, 중심줄을 수평으로 유지한 채 엮는줄을 바짝 당겨 수평매듭 아래 7cm 지점에 매듭을 만든다.

29: 다시 오른쪽으로 이동한 엮는줄을 중심줄 위에 U자모양으로 배치해서 고리를 만든다.

30: 엮는줄을 뒤쪽으로 감아 고리 앞쪽으로 통과시키고, 중심줄을 수평으로 유지한 채 엮는줄을 바짝 당겨 말아엮기매듭 1세트를 완성한다.

31: 다시 중심줄을 수평 방향으로 배치하고, 바로 왼쪽 줄 1개를 엮는줄로 정해 과정 26~30처럼 말아엮기매듭 1세트를 완성한다.

32: 남는 줄이 없을 때까지 수평 방향으로 말아엮기매듭을 반복해 사진처럼 완성한다.

33: 맨 왼쪽 줄 1개를 사진처럼 오른쪽 아래에 사선으로 배치하여 중심줄로 정하고, 바로 오른쪽 줄 1개를 엮는줄로 정해 말아엮기매듭 1세트를 완성한다.

34: 다시 중심줄을 사선으로 배치하고 남는 줄이 없을 때까지 사선 방향으로 말아엮기매듭을 반복해 사진처럼 완성한다.

남은 줄을 원하는 길이로 잘라 마무리한다.

완성

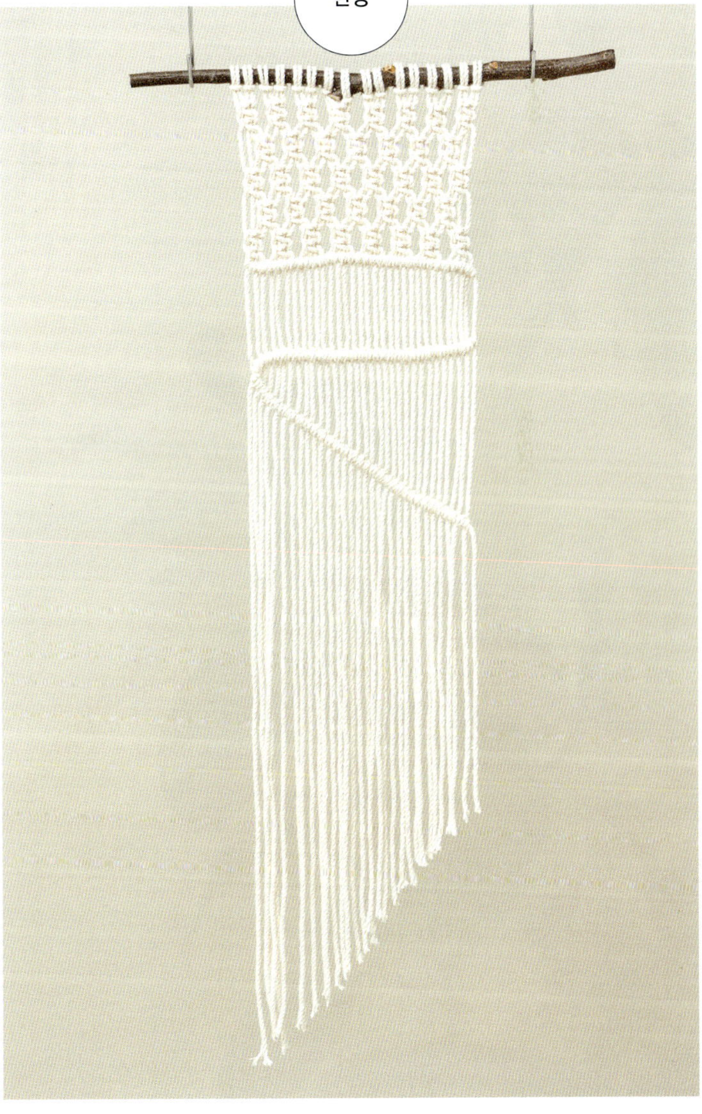

컬러풀 월행잉

EASY MACRAMÉ

12

세 상 에 단 하 나 뿐 인 월 데 코

컬러풀 월행잉

Colorful Wall Hanging

기존에 보았던 마크라메 작품과는 느낌이 다른 작품을 소개해드리려고 해요. 투박한 면 로프에 까슬한 질감과 화려한 색의 리사이클 실크사로 포인트를 준 개성 있는 월행잉이에요. 꼭 실크사가 아니더라도 괜찮아요. 좋아하는 색과 질감의 털실이나 자수실 등으로 원하는 위치에 평매듭을 지어주세요. 세상에 단 하나뿐인 컬러풀하고 이국적인 작품이 완성됩니다.

준비

매듭용 : 브레이드 면 로프(990합/15mm) — 1m 80cm*8개
장식용 : 리사이클 실크사(혹은 원하는 색깔 실)
자작나무(두께 1.5cm/40cm) — 1개

매듭

레이스매듭
평매듭

과정

행어에 S자고리 2개를 걸고 자작나무를 걸친 다음,
면 로프 1개를 반으로 접어 고리가 생긴 쪽을 자작나무
뒤로 넘겨 건다.

줄의 끝자락을 고리 안으로 넣는다.

고리 안의 두 줄을 아래로 당겨 단단히 조인
레이스매듭을 만든다.

나머지 줄 7개도 과정 1~3처럼 레이스매듭을 완성한다.

lark's head knot

레이스매듭

과정 1~3 참조

60cm 정도의 실크사를 원하는 위치의 줄 1개 뒤로 걸어
배치한 다음, 면 로프를 중심줄로 정하고 실크사 왼편을
엮는줄 ①, 오른편을 엮는줄 ②로 정한다.

6: ①을 오른쪽으로 감아 중심줄 위에 L자모양으로 배치하고, 그 위에 ②를 올려 숫자 4모양을 만든다.

7: ②를 중심줄 뒤쪽으로 감아 왼쪽 고리 안으로 통과시키고 실크사를 양쪽으로 당긴다.

square knot
평매듭
과정 6~9 참조

8: 오른쪽으로 옮겨진 ①을 좌우 뒤집힌 L자모양으로 중심줄 위에 배치하고, 그 위에 ②를 두어 좌우 뒤집힌 숫자 4모양을 만든다.

9: ②를 중심줄 뒤쪽으로 감아 왼쪽 고리 안으로 통과시키고 실크사를 양쪽으로 당긴다.

매듭이 가능할 때까지, 혹은 원하는 높이로 실크사 매듭장식을 만들어주세요.

10:

계속해서 과정 6~9처럼 평매듭을 반복한다.

a.

b.

c.

11:

남은 장식용 실크사를 바짝 잘라 깔끔하게 완성한다.

12:

새로운 실크사를 원하는 위치에 배치한다.

13:

과정 6~11을 반복하여 원하는 높이의 평매듭장식을 완성한다.

14:

원하는 위치 곳곳에 다양한 색, 다양한 높이의 평매듭장식을 만들어서 마무리한다.

완성

플라워
리스 데코

EASY MACRAMÉ

13

꽃과 마크라메의 만남

플라워 리스 데코

Flower Wreath Decor

꽃으로 만든 리스와 매듭장식이 만나 공간을 따뜻하게 꾸며주는 마크라메 리스가 탄생했어요. 책에서는 노란색 미모사 조화를 사용했지만, 생화나 드라이플라워 등 식물의 소재와 종류를 바꿔서 만들어도 좋아요. 유칼립투스, 라벤더, 올리브 가지, 미스티, 솔잎과 솔방울 등 개인의 취향에 따라 계절에 따라 원하는 스타일의 리스를 만들어보세요. 크리스마스 시즌에는 리스에 트리 조명을 달아서 장식해도 예쁘답니다.

준비

매듭용 : 면 로프(60합/3mm) — 2m 20cm*8개
리스틀(지름 24cm) 1개
옐로 미모사 부쉬 — 4대
(조화, 혹은 다른 조화나 드라이플라워 가능)
글루건

매듭

레이스매듭
말아엮기매듭
평매듭

과정

1:

행어에 S자고리 2개를 걸고 리스를 걸친 다음, 줄 1개를 반으로 접어 고리가 생긴 쪽을 리스 하단의 덩굴 사이로 집어넣는다.

2:

줄의 끝자락을 고리 안으로 넣는다.

3:

고리 안의 두 줄을 아래로 당겨 단단히 조인 레이스매듭을 만든다.

4:

나머지 줄 7개도 과정 1~3처럼 레이스매듭을 완성한다.

lark's head knot

레이스매듭

과정 1~3 참조

5: 맨 왼쪽 줄 4개를 잡아 가운데 두 줄을 중심줄로, 양쪽 가장자리 줄을 엮는줄 ①, ②로 정한다.

6: ①을 중심줄 위에 L자모양으로 배치하고, 그 위에 ②를 두어 숫자 4모양을 만든다.

7: ②를 중심줄 뒤쪽으로 감아 왼쪽 고리 안으로 통과시키고 엮는줄 2개를 양쪽으로 당긴다.

8: 오른쪽으로 옮겨진 ①을 좌우 뒤집힌 L자모양으로 중심줄 위에 배치하고, 그 위에 ②를 두어 좌우 뒤집힌 숫자 4모양을 만든다.

square knot

평매듭

과정 5~9 참조

9: ②를 중심줄 뒤쪽으로 감아 오른쪽 고리 안으로 통과시키고
양쪽으로 당겨 평매듭 1세트를 완성한다.

첫째 단에
4세트의 평매듭이
완성됐어요.

10: 나머지 줄도 4개씩 잡아 과정 5~9처럼 평매듭 1세트씩을 완성한다.

11: 다시 맨 왼쪽의 2줄을 남기고 줄 4개를 잡아 평매듭 1세트를 완성한다.

둘째 단에
3세트의 평매듭이
완성됐어요.

12: 오른쪽 줄 4개씩을 잡고 평매듭 1세트를 완성하길 반복하고,
맨 오른쪽 2줄은 남긴다.

13: 다시 맨 왼쪽의 4줄을 남기고 줄 4개를 잡아 평매듭 1세트를 완성한다.

14: 오른쪽 줄 4개를 잡고 평매듭 1세트를 더 만들고, 맨 오른쪽 4줄은 남긴다.

15: 다시 맨 왼쪽의 6줄을 남기고 줄 4개를 잡아 평매듭 1세트를 완성하여 트라이앵글패턴을 완성한다.

16: 맨 왼쪽 줄 1개를 오른쪽 아래 사선 방향으로 배치하여 중심줄로 정하고, 바로 옆 오른쪽 줄 1개를 엮는줄로 정한다.

17: 엮는줄을 중심줄 위에 U자모양으로 배치해서 고리를 만들고,
엮는줄을 뒤쪽으로 감아 고리 앞쪽으로 통과시킨다.

18: 중심줄을 사선으로 유지한 채 엮는줄을 바짝 당긴다.

clove hitch knot

말아엮기매듭(연결)

과정 16~20 참조

19: 다시 왼쪽으로 이동한 엮는줄을 중심줄 위에 U자모양으로 배치해서
고리를 만들고, 엮는줄을 뒤쪽으로 감아 고리 앞쪽으로 통과시킨다.

20: 중심줄을 사선으로 유지한 채 엮는줄을 바짝 당겨 말아엮기매듭 1세트를 완성한다.

21: 계속해서 사선 방향으로 말아엮기매듭을 반복해 총 7세트의 매듭을 완성하고, 트라이앵글패턴의 중심부에서 끝낸다.

22: 맨 오른쪽 줄 1개를 왼쪽 아래 사선 방향으로 배치하여 중심줄로 정하고, 바로 옆 왼쪽 줄 1개를 엮는줄로 정한다.

23 : 엮는줄을 중심줄 위에 U자모양으로 배치해서 고리를 만들고, 엮는줄을 뒤쪽으로
감아 고리 앞쪽으로 통과시킨 다음, 중심줄을 사선으로 유지한 채 엮는줄을 바짝 당긴다.

24 : 다시 오른쪽으로 이동한 엮는줄을 중심줄 위에 U자모양으로 배치해서
고리를 만들고, 엮는줄을 뒤쪽으로 감아 고리 앞쪽으로 통과시킨다.

25 : 중심줄을 사선으로 유지한 채 엮는줄을 바짝 당겨
말아엮기매듭 1세트를 완성한다.

26: 계속해서 사선 방향으로 말아엮기매듭을 반복해 총 7세트의 매듭을 완성하고, 트라이앵글패턴의 중심부에서 끝낸다.

27: 트라이앵글패턴 중앙의 줄 4개를 잡고 과정 5~9처럼 평매듭 1세트를 만든다.

square knot

평매듭

과정 5~9 참조

28: 맨 왼쪽의 4줄을 남기고 줄 4개를 잡아 평매듭 1세트를 만든다.

29: 바로 오른쪽 줄 4개를 잡고 평매듭 1세트를 만든다.

30: 다시 맨 왼쪽의 2줄을 남기고 줄 4개를 잡아 평매듭 1세트를 만든다.

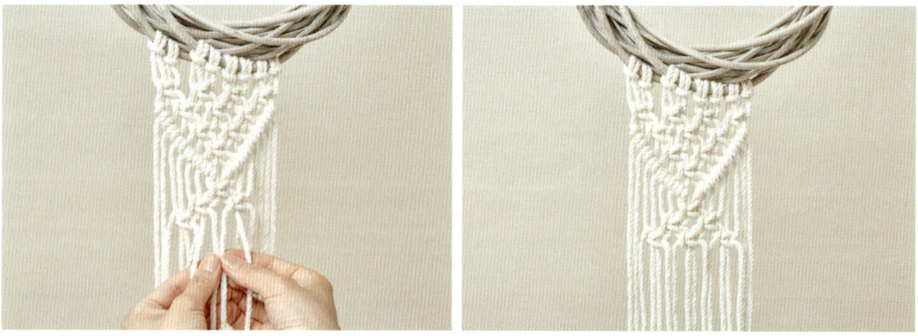

31: 바로 오른쪽 줄을 4개씩 잡고 평매듭 1세트를 만들길 2회 반복하고, 맨 오른쪽 2줄은 남긴다.

32: 다시 맨 왼쪽 줄 4개를 잡아 평매듭 1세트를 만들고, 이를 반복해 총 4세트의 평매듭을 완성한다.

33: 맨 왼쪽의 2줄을 남기고 줄 4개를 잡아 평매듭 1세트를 만들고,
이를 반복해 총 3세트의 평매듭을 완성한다.

34: 다시 맨 왼쪽의 4줄을 남기고 줄 4개를 잡아 평매듭 1세트를 만들고, 이를 반복해 총 2세트의 평매듭을 완성한다.

35: 다이아몬드패턴 중앙의 줄 4개를 잡고 평매듭 1세트를 만든다.

36: 마지막 평매듭 중앙의 2줄 중 왼쪽 줄을 중심줄로 정해 사진처럼 사선 방향으로 배치하고, 바로 왼쪽 줄을 엮는줄로 정한다.

37: 엮는줄을 중심줄 위에 U자모양으로 배치해서 고리를 만든다.

38: 엮는줄을 뒤쪽으로 감아 고리 앞쪽으로 통과시키고, 중심줄을 사선으로 유지한 채 엮는줄을 바짝 당긴다.

39: 다시 오른쪽으로 이동한 엮는줄을 중심줄 위에 U자모양으로 배치해서 고리를 만들고, 엮는줄을 뒤쪽으로 감아 고리를 앞쪽으로 통과시킨다.

40: 중심줄을 사선으로 유지한 채 엮는줄을 바짝 당겨 말아엮기매듭 1세트를 완성한다.

41 : 계속해서 사선 방향으로 말아엮기매듭을 반복해 총 7세트의 매듭을 완성한다.

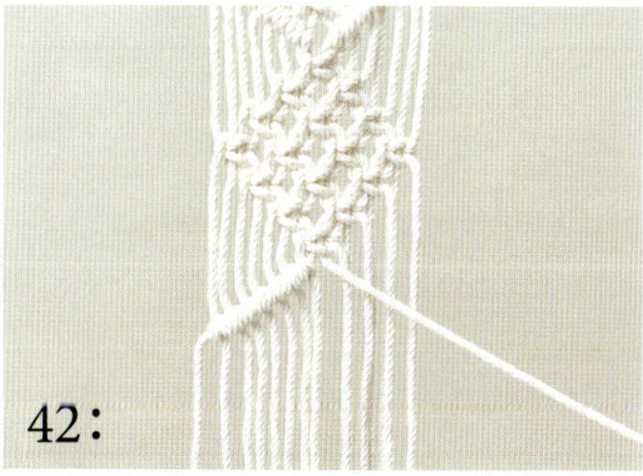

42 : 다이아몬드패턴 중심부 바로 아래 있는 줄 1개를 중심줄로 정해 사진처럼 사선 방향으로 배치하고, 바로 왼쪽 줄을 엮는줄로 정한다.

43 : 왼편에 만든 사선 방향 말아엮기매듭처럼 말아엮기매듭을 반대쪽 사선 방향으로 반복해 총 7세트의 매듭을 완성한다.

a.

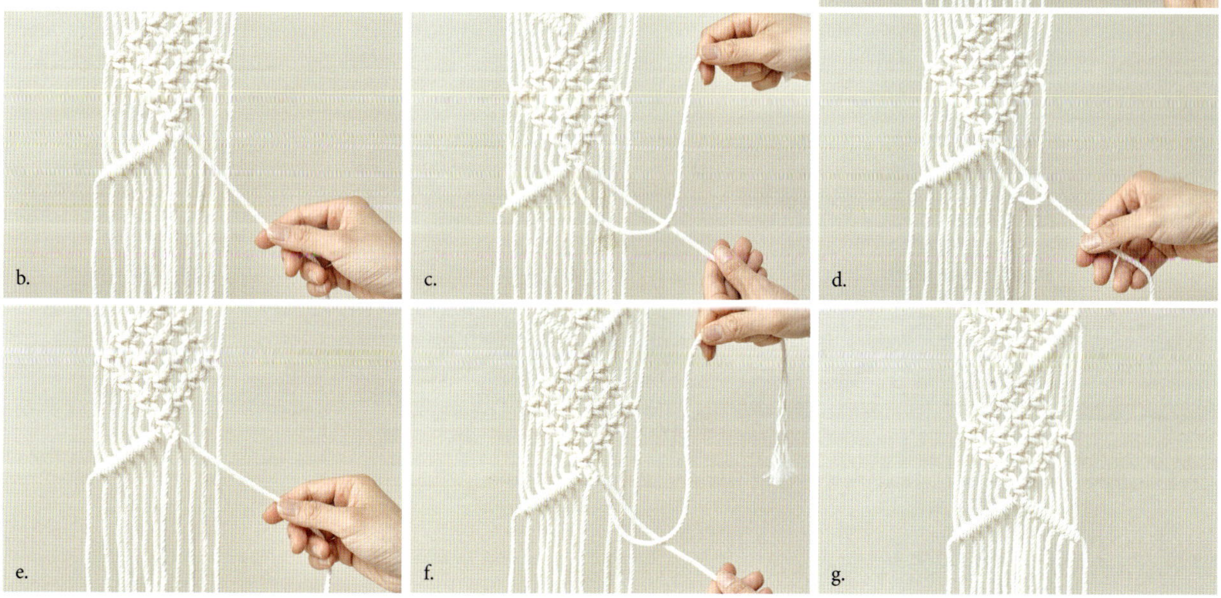

b. c. d. e. f. g.

44: 중앙의 줄 4개를 잡고 과정 27~35처럼 평매듭으로 다이아몬드패턴을 다시 한 번 완성한다.

45: 손으로 매듭의 간격과 방향을 일정하게 매만져준다.

46: 미모사 조화를 가위나 니퍼를 이용하여 낱개의 가지로 잘라 준비한다.

47 : 미모사를 리스 사이사이에 한 방향으로 꽂아가며 둥글고 풍성하게 모양을 잡는다.

글루건 외에 종이철사, 조화테이프 등을 함께 사용하면 편리해요.

48 : 모양 잡은 미모사를 글루건으로 고정하고, 중간중간 빈 곳에 조화를 더 채워서 고정하며 마무리한다.

완성

마크라메
커튼

EASY MACRAMÉ

14

꼬임과 질서의 실루엣

마크라메 커튼

Macramé Curtain

외국 잡지에 자주 등장하는 대형 마크라메 커튼은 마크라메를 즐기는 분들에게 도전해보고 싶은 작품 중 하나예요. 높은 천장에서 자연스럽게 떨어지는 실루엣이 보통의 원단이 줄 수 없는 독특한 분위기를 연출하거든요. 평매듭에 꼬임을 주어 풍성한 느낌을 살리고, 패턴에 길이를 주어 재미를 더한 커튼을 문이나 창가에 걸어두세요. 줄 사이사이로 통과하는 빛의 아름다움을 만끽할 수 있을 거예요.

준비

매듭용 : 면 로프(150합/5mm) — 5m＊12개(커튼 1장)/2세트
자작나무(두께 2cm/길이 80cm) — 1개

매듭

레이스매듭
평매듭
교차평매듭

과정

행어에 S자고리 2개를 걸고 자작나무를 걸친 다음, 줄 1개를 반으로 접어 고리가 생긴 쪽을 자작나무 뒤로 넘겨 건다.

줄의 끝자락을 고리 안으로 넣는다.

고리 안의 두 줄을 아래로 당겨 단단히 조인 레이스매듭을 만든다.

나머지 줄 11개도 과정 1~3처럼 레이스매듭을 완성한다.

lark's head knot

레이스매듭

과정 1~3 참조

맨 왼쪽 줄 4개를 잡아 가운데 두 줄을 중심줄로, 양쪽 가장자리 줄을 엮는줄 ①, ②로 정한다.

6: ①을 중심줄 위에 L자모양으로 배치하고, 그 위에
②를 두어 숫자 4모양을 만든다.

7: ②를 중심줄 뒤쪽으로 감아 왼쪽 고리 안으로 통과시키고
엮는줄 2개를 양쪽으로 당긴다.

8: 오른쪽으로 옮겨진 ①을 좌우 뒤집힌 L자모양으로
중심줄 위에 배치하고, 그 위에 ②를 두어 좌우 뒤집힌
숫자 4모양을 만든다.

square knot
평매듭
과정 5~9 참조

9: ②를 중심줄 뒤쪽으로 감아 오른쪽 고리 안으로 통과시키고 양쪽으로 당겨 평매듭 1세트를 완성한다.

10:

나머지 줄도 4개씩 잡아 과정 5~9처럼 평매듭 1세트씩을 완성한다.

11: 다시 맨 왼쪽의 2줄을 남기고 줄 4개를 잡아 평매듭 1세트를 완성한다.

오른쪽 줄 4개씩을 잡고 평매듭 5세트를 완성하고,
맨 오른쪽 2줄은 남긴다.

13: 맨 왼쪽 줄 4개를 잡아 평매듭 1세트를 완성하고,
나머지 줄도 평매듭을 만들어 총 6세트의 평매듭을 완성한다.

평매듭 10cm 아래 지점에서 맨 왼쪽 2줄을 남기고
줄 4개를 잡는다.

사진처럼 양쪽 가장자리 두 줄을 더블X모양으로 꼬아
가운데로 모으고, 가운데 두 줄을 중심줄로, 나머지를
엮는줄 ①, ②로 정한다.

switch knot

교차평매듭

과정 14~16 참조

16:

과정 5~9처럼 평매듭 1세트를 완성하여 줄이 꼬인 상태에서 평매듭을 넣는 교차평매듭을 완성한다.

17: 바로 오른편의 줄 4개를 잡고 다시 더블X모양으로 꼬아 배치한다.

18:

교차평매듭 1세트를 완성한다.

19:

나머지 줄도 4개씩 잡아 교차평매듭 5세트를 완성하고, 맨 오른쪽 2줄은 남긴다.

a.

b.

c.

d.

e.

20:

다시 맨 왼쪽부터 줄 4개씩을 잡아 평매듭 6세트를 완성한다.

21:

다시 맨 왼쪽의 2줄을 남기고 줄 4개씩을 잡아 평매듭 5세트를 완성하고, 맨 오른쪽 2줄은 남긴다.

22:

평매듭 10cm 아래 지점에서 맨 왼쪽 줄 4개를 남기고
줄 4개를 잡은 다음, 더블X모양으로 꼬아 교차평매듭 1세트를 완성한다.

a.

b.

c.

23:

나머지 줄도 4개씩 잡아 교차평매듭 4세트를 완성하고,
맨 오른쪽 4줄은 남긴다.

24: 맨 왼쪽 6줄을 남기고 줄 4개씩을 잡아 평매듭 3세트를 완성하고,
맨 오른쪽 6줄은 남긴다.

25: 맨 왼쪽 4줄을 남기고 줄 4개씩을 잡아 평매듭 4세트를 완성하고,
맨 오른쪽 4줄은 남긴다.

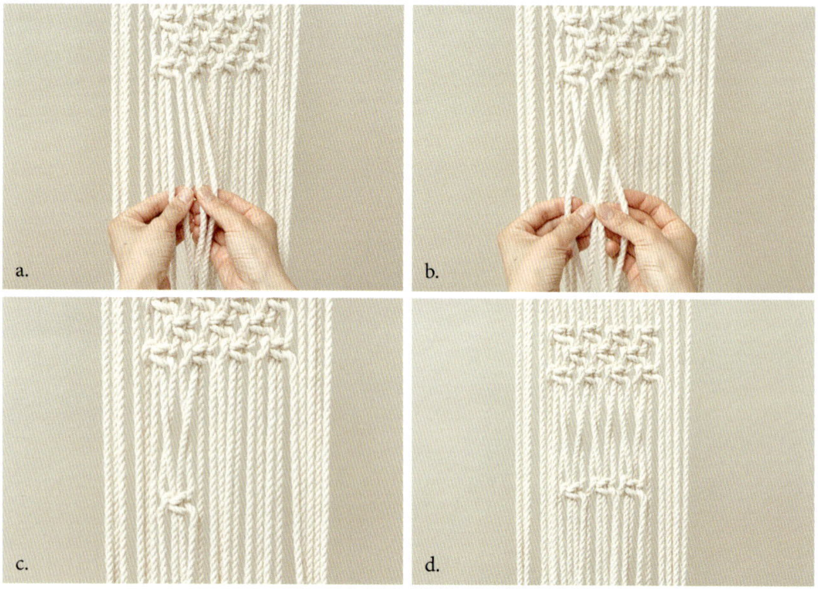

26 : 평매듭 10cm 아래 지점에서 맨 왼쪽 6줄을 남기고 줄 4개씩을 잡은 다음, 더블X모양으로 꼬아 교차평매듭 3세트를 완성하고, 맨 오른쪽 6줄은 남긴다.

27 : 맨 왼쪽 8줄을 남기고 줄 4개씩을 잡아 평매듭 2세트를 완성하고, 맨 오른쪽 8줄은 남긴다.

28 : 맨 왼쪽 6줄을 남기고 줄 4개씩을 잡아 평매듭 3세트를 완성하고, 맨 오른쪽 6줄은 남긴다.

29 : 평매듭 10cm 아래 지점에서 맨 왼쪽 8줄을 남기고 줄 4개씩을 잡은 다음, 더블X모양으로 꼬아 교차평매듭 2세트를 완성하고, 맨 오른쪽 8줄은 남긴다.

30 : 맨 왼쪽 10줄을 남기고 줄 4개를 잡아 평매듭 1세트를 완성하고, 맨 오른쪽 10줄은 남긴다.

31 : 맨 왼쪽 8줄을 남기고 줄 4개씩을 잡아 평매듭 2세트를 완성하고, 맨 오른쪽 8줄은 남긴다.

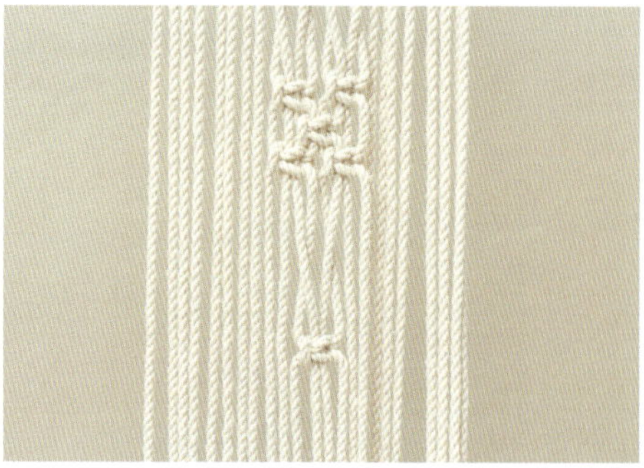

32 : 평매듭 10cm 아래 지점에서 맨 왼쪽 10줄을 남기고 줄 4개를 잡은 다음,
더블X모양으로 꼬아 교차평매듭 1세트를 완성하고, 맨 오른쪽 10줄은 남긴다.

33 :

남은 줄을 원하는 길이로 자르고, 같은 방법으로
커튼 하나를 더 만들어 마무리한다.

완성

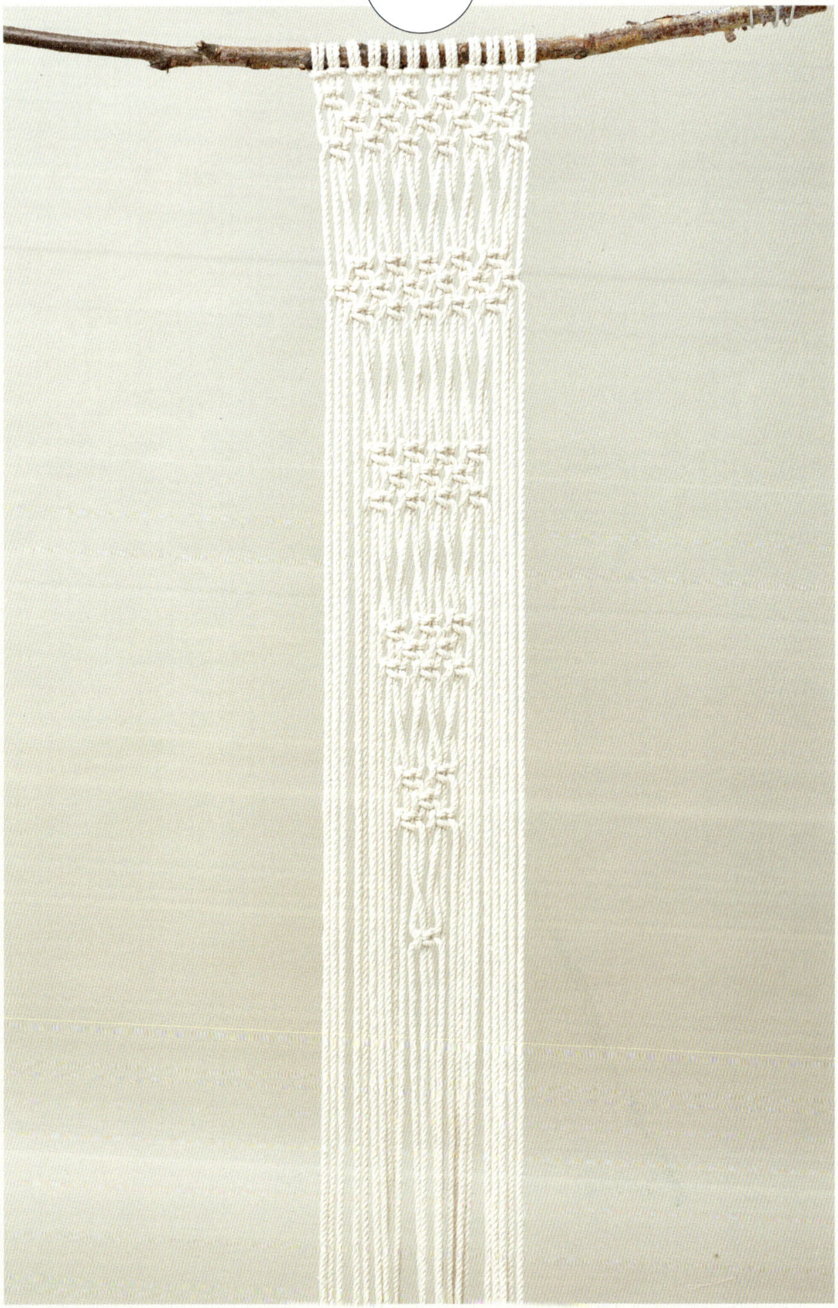

PART 4

마크라메의 특별한 변신

드림캐처&모빌

Dreamcatcher & Mobile

•

마크라메가 더해진 드림캐처와 모빌은 뭔가 특별한 멋이 느껴져요. 실들이는 소재가 나무일 때는 이국적이면서 신비로운 분위기를 연출하고, 금속 소재와 함께 하면 모던하고 심플한 매력을 느낄 수 있죠. 360도 회전하는 입체적인 소품으로 집안 곳곳에 생기를 불어넣어주세요.

태슬
드림캐처

EASY MACRAMÉ

15

우아한 크로셰원단으로 만드는

태슬 드림캐처

Tassel Dreamcatcher

침대 머리맡이나 창가에 걸어두면 나쁜 꿈을 걸러준다는 드림캐처를 특별한 방법으로 만들었어요. 형태가 아름다운 나무 자수틀에 짜임이 고운 크로셰원단을 입히고, 가느다란 실로 살랑거리는 태슬을 달면 이국적이고 우아한 분위기의 드림캐처가 완성됩니다. 취향에 따라 좋아하는 무늬의 크로셰원단이나 레이스원단으로 신비로운 드림캐처를 만들어보세요.

준비

태슬용 : 면 로프(18합/1.5mm) — 30cm*31개(태슬 1개)/16세트
걸이용 : 면 로프(18합/1.5mm) — 4cm*16개
원형 자수틀(지름 30cm) — 1개
크로셰원단(가로35cm/세로35cm) — 1장

매듭

한매듭
래핑매듭

과정

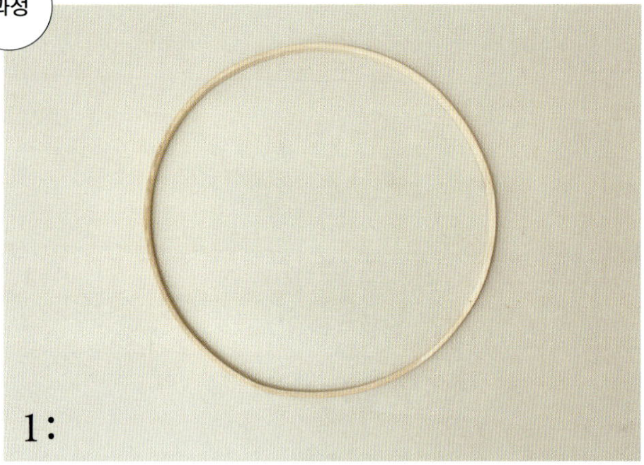

1: 자수틀을 분리해서 고정나사가 없는 안쪽 틀을 준비한다.

2: 크로셰원단을 자수틀 위에 잘 펼친다.

자수틀의 고정나사 부분이 드림캐처의 윗부분이 될 거예요.

3: 크로셰원단의 무늬를 원하는 위치에 맞추고 자수틀을 조여 고정한다.

잘 늘어나는 원단을 너무 팽팽하게 펼쳐서 고정하면 원단이 자수틀에서 빠지거나 움직일 수 있어요. 원단의 여분을 넉넉히 남겼다가 마지막에 한 번 더 정리해주세요.

4: 자수틀을 뒤집어 테두리에 남은 원단을 잘라 정리한다.

5: 태슬용 30cm 실 1개는 남겨두고 30개를 가지런히 모아 정렬한다.

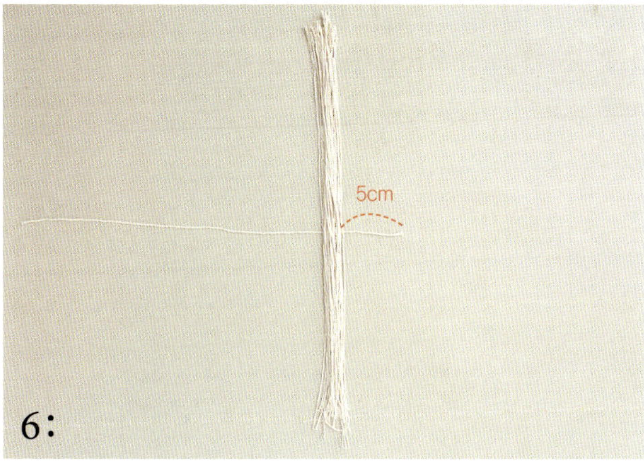

6:

걸이용 40cm 실을 바닥에 가로로 배치하고, 오른쪽에서 5cm 정도 들어온 지점에 태슬용 실을 십자모양으로 배치한다.

overhand knot

한매듭

과정 7 참조

7: 고리를 만들어 2회 묶는 한매듭 방법으로, 걸이용 실로 태슬용 실을 단단히 묶는다.

8:

걸이용 실의 짧은 쪽만 바짝 자른다.

9:

걸이용 실을 위로 빼놓고 태슬을 반으로 접는다.

반으로 접은 태슬을 매듭 부분이 위로 가게 잡고,
1개 남은 30cm 실을 U자모양으로 배치한다.

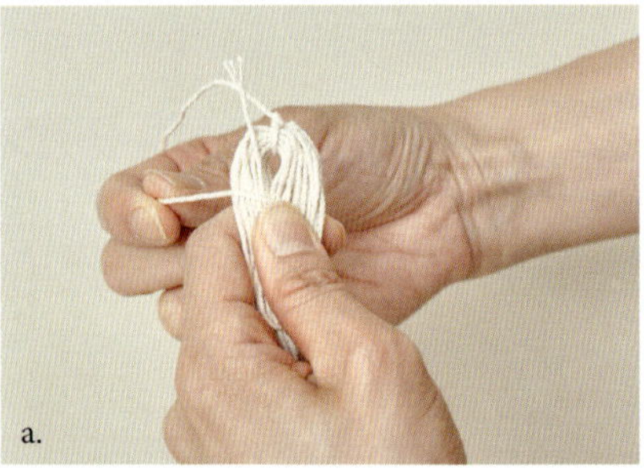

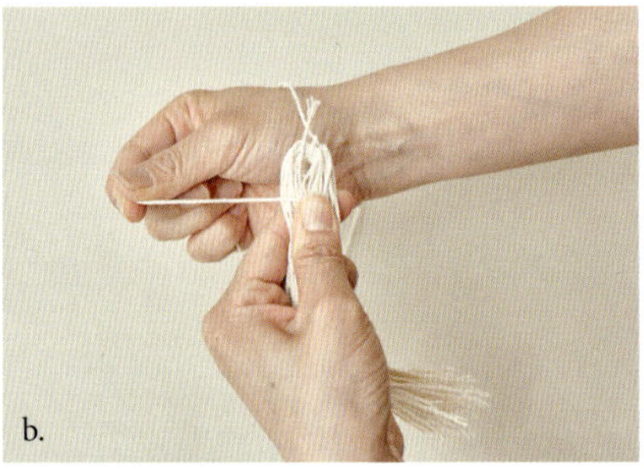

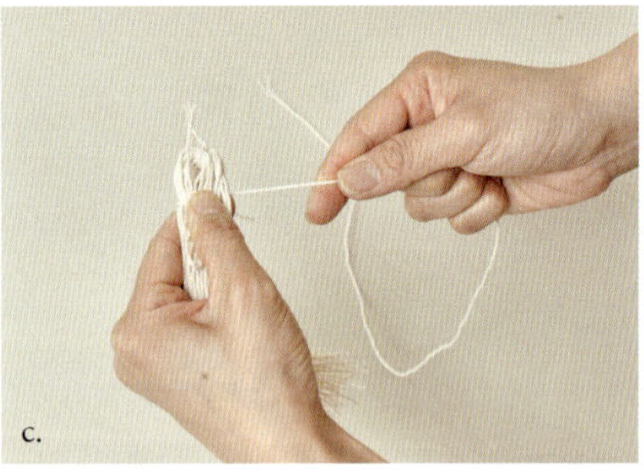

11:

U자의 하단을 태슬과 함께 단단히 붙들고,
래핑용 실의 긴 쪽을 시계 방향으로 촘촘히 돌리며
5회 말아준다.

wrapping knot

래핑매듭

과정 10~13 참조

12: 남은 줄의 끝자락을 래핑매듭 아래쪽에 생긴 고리에 넣어 붙잡고
래핑용 실을 위로 단단히 당겨 래핑매듭을 완성한다.

걸이용 실을
자르지 않게
조심하세요.

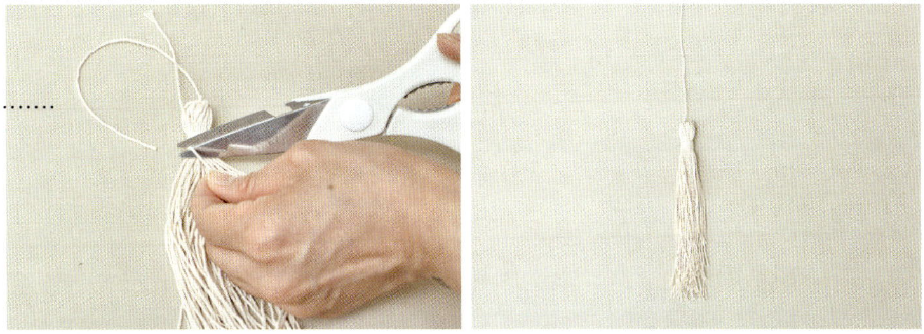

13: 위아래 남은 래핑용 실을 바짝 잘라 태슬 1개를 완성한다.

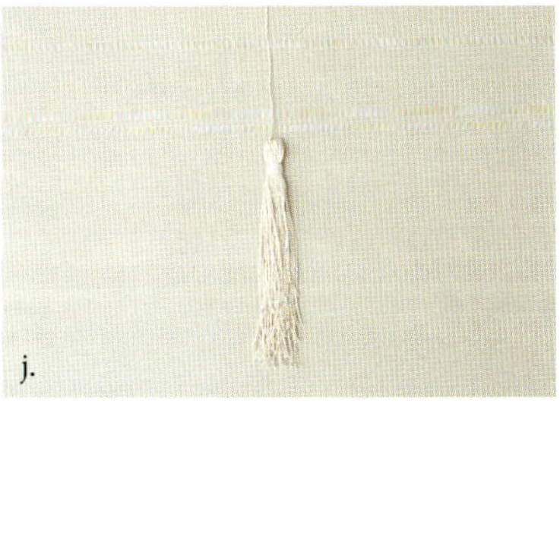

14:

과정 5~13을 반복해 태슬을 15개 더 만들어 총 16개의 태슬을 완성한다.

15:

자수틀 하단의 크로셰 구멍에 완성된 태슬의 걸이용 실을 앞에서 뒤쪽으로 통과시킨다.

a.

b.

c.

16:

자수틀 모서리에 매듭이 위치하도록 한매듭으로 단단히 2회 묶는다.

17: 남은 걸이용 실의 삐져나온 부분만 바짝 잘라 태슬 매달기를 완성한다.

18:

원단이 자꾸 움직일 땐 자수틀에 글루건으로 고정해도 괜찮아요.

나머지 태슬 15개도 과정 15~17을 반복해 매달고,
자수틀 뒷면의 원단을 다시 한 번 정리해 마무리한다.

완성

자수틀
드림캐처

EASY MACRAMÉ

16

선 하나하나가 아름다운

자수틀 드림캐처

Embroidery Frame Dreamcatcher

나무 자수틀은 마크라메와 잘 어울리는 재료 중 하나예요. 작품을 조금 더 쉽게 만들 수 있도록 형태를 잡아주고, 자수틀의 곡선이 작품의 조형미를 돋보이게 해주거든요. 이번 작품은 여백을 많이 두어서 짧은 시간 안에 완성도 있게 만들 수 있도록 디자인했어요. 선 하나하나의 아름다움이 느껴지는 드림캐처를 소장용으로, 선물용으로 꼭 한번 만들어보세요.

준비

매듭용 : 면 로프(150합/5mm) — 3m＊6개
자수틀(지름 26cm) — 1개

매듭

레이스매듭
평매듭
말아엮기매듭(한 줄)

과정

행어에 S자고리를 걸고 자수틀의 나사가 있는 바깥 틀을 건 다음, 줄 1개를 반으로 접어 고리가 생긴 쪽을 자수틀 뒤로 넘겨 건다.

줄의 끝자락을 고리 안으로 넣는다.

고리 안의 두 줄을 아래로 당겨 단단히 조인 레이스매듭을 만든다.

나머지 줄 5개도 과정 1~3처럼 레이스매듭을 완성한다.

lark's head knot

레이스매듭

과정 1~3 참조

맨 왼쪽 줄 4개를 잡아 가운데 두 줄을 중심줄로, 양쪽 가장자리 줄을 엮는줄 ①, ②로 정한다.

6:

①을 중심줄 위에 L자모양으로 배치하고, 그 위에 ②를 두어 숫자 4모양을 만든다.

7: ②를 중심줄 뒤쪽으로 감아 왼쪽 고리 안으로 통과시키고 엮는줄 2개를 양쪽으로 당긴다.

8:

오른쪽으로 옮겨진 ①을 좌우 뒤집힌 L자모양으로 중심줄 위에 배치하고, 그 위에 ②를 두어 좌우 뒤집힌 숫자 4모양을 만든다.

square knot

평매듭

과정 5~9 참조

9: ②를 중심줄 뒤쪽으로 감아 오른쪽 고리 안으로 통과시키고
양쪽으로 당겨 평매듭 1세트를 완성한다.

10:

나머지 줄도 4개씩 잡아 과정 5~9처럼 평매듭을 1세트씩,
총 3세트를 완성한다.

11: 다시 맨 왼쪽의 2줄을 남기고 줄 4개를 잡아 평매듭 1세트를 완성한다.

오른쪽 줄 4개를 잡고 평매듭 1세트를 더 완성하고,
맨 오른쪽 2줄은 남긴다.

13: 다시 맨 왼쪽의 4줄을 남기고 줄 4개를 잡아 평매듭 1세트를 완성하고, 맨 오른쪽 4줄은 남겨 트라이앵글패턴을 완성한다.

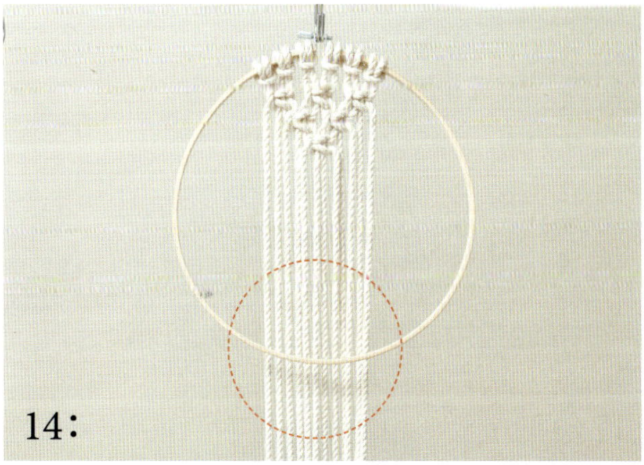

모든 줄을 자수틀 뒤쪽으로 넘겨 배치한다.

15: 맨 왼쪽 줄 1개를 자수틀 아래에서 앞쪽으로 가져와 U자모양으로 배치하고, 줄의 끝자락을 자수틀 안쪽 고리 안으로 넣는다.

clove hitch knot

말아엮기매듭(한 줄)

과정 15~17 참조

16: 줄을 살짝 사선 방향으로 위치를 잡아 아래로 당긴다.

17: 다시 한 번 줄을 U자모양으로 배치하고, 줄의 끝자락을 자수틀 안쪽 고리 안으로 넣고 잡아당겨 말아엮기매듭 1세트를 완성한다.

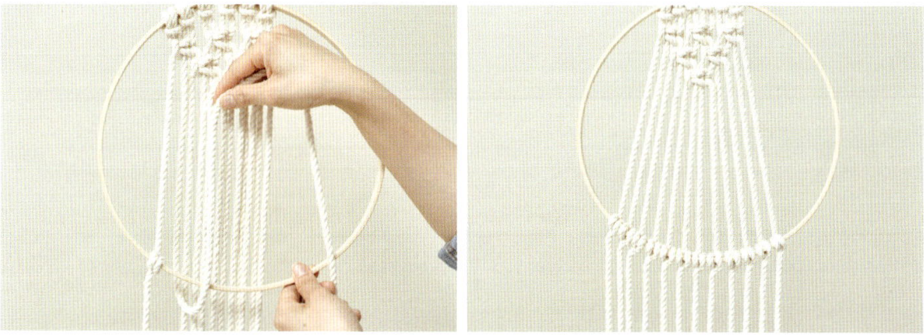

첫 번째 말아엮기매듭을 사선 방향으로 만들어서 양쪽으로 살짝 퍼지는 모양이 완성됐어요.

18: 남은 줄도 1개씩 과정 15~17처럼 말아엮기매듭을 반복해 총 12세트의 말아엮기매듭을 완성한다.

19:

다시 맨 왼쪽 줄 4개를 잡아 가운데 두 줄을 중심줄로, 양쪽 가장자리 줄을 엮는줄 ①, ②로 정해서 자수틀 5cm 아래 지점에 평매듭 1세트를 완성한다.

20: 나머지 줄도 4개씩 잡아 평매듭을 1세트씩, 총 3세트를 완성한다.

21: 다시 매듭의 5cm 아래 지점에서 맨 왼쪽의 2줄을 남기고 줄 4개씩을 잡아 평매듭을 1세트씩, 총 2세트를 완성한다.

22: 다시 매듭의 5cm 아래 지점에서 맨 왼쪽의 4줄을 남기고 줄 4개를 잡아 평매듭 1세트를 완성하고, 맨 오른쪽 4줄은 남겨 트라이앵글패턴을 완성한다.

23: 남은 줄을 원하는 길이로 잘라 마무리한다.

완성

메탈링 오너먼트

EASY MACRAMÉ

17

빙글빙글 돌아가는 모던 인테리어

메탈링 오너먼트

Metal RIng Ornament

골드 컬러 메탈링의 세련된 느낌과 빙글빙글 돌아가는 입체적인 형태가 어우러진 오너먼트예요. 각기 다른 크기의 메탈링이 구조적인 짜임의 세로형 평매듭과 맞물려 독특한 분위기를 선사합니다. 오너먼트가 자연스럽게 움직일 수 있도록 크기가 아담하고 가벼운 물건을 올려두어 작품의 공간감을 살려주세요.

준비

매듭용 : 면 로프(150합/5mm) — 3m∗2개
래핑용 : 면 로프150합/5mm) — 50cm∗2개
골드 메탈링(지름 6cm) — 1개
골드 메탈링(지름 30cm) — 1개

매듭

레이스매듭
평매듭
래핑매듭

과정

1:

S자고리에 지름 6cm 메탈링을 걸고, 매듭용 3m 줄 1개를 반으로 접어 고리가 생긴 쪽을 메탈링 안에 넘겨 건다.

2:

줄의 끝자락을 고리 안으로 넣는다.

3:

고리 안의 두 줄을 아래로 당겨 단단히 조인 레이스매듭을 만든다.

lark's head knot

레이스매듭

과정 1~3 참조

4:

매듭용 줄 1개를 새로 잡고 과정 1~3처럼 레이스매듭을 1개 더 완성한다.

5:

줄 4개 중 가운데 두 줄을 중심줄로, 양쪽 가장자리 줄을 엮는줄 ①, ②로 정한다.

6:

①을 중심줄 위에 L자모양으로 배치하고, 그 위에 ②를 두어 숫자 4모양을 만든다.

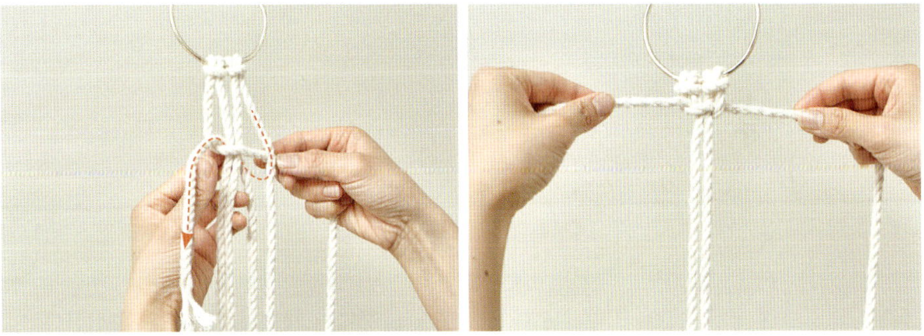

7: ②를 중심줄 뒤쪽으로 감아 왼쪽 고리 안으로 통과시키고 엮는줄 2개를 양쪽으로 당긴다.

8:

오른쪽으로 옮겨진 ①을 좌우 뒤집힌 L자모양으로 중심줄 위에 배치하고, 그 위에 ②를 두어 좌우 뒤집힌 숫자 4모양을 만든다.

square knot

평매듭

과정 5~9 참조

9: ②를 중심줄 뒤쪽으로 감아 오른쪽 고리 안으로 통과시키고
양쪽으로 당겨 평매듭 1세트를 완성한다.

10: 계속해서 과정 5~9처럼 평매듭을 만들어 총 11세트의 세로형 평매듭을 완성한다.

11: 지름 30cm 메탈링을 중심줄과 엮는줄 사이에 끼운다.

12: 래핑용 50cm 줄 1개를 U자모양으로 배치한다.

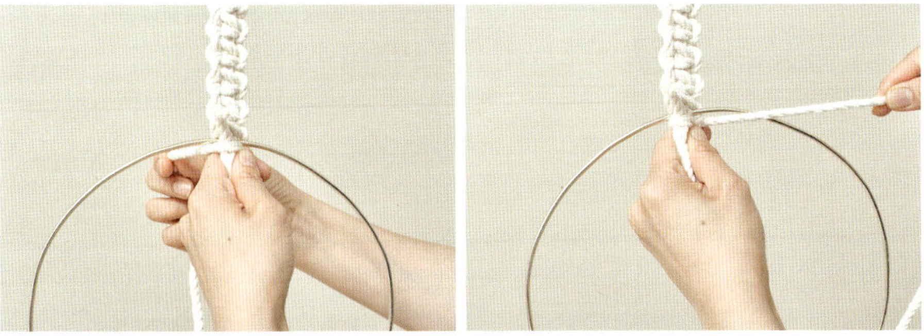

13: U자의 하단을 매듭줄과 함께 단단히 붙들고, 래핑용 줄의 긴 쪽을
메탈링 바로 아랫부분부터 시계 방향으로 촘촘히 놀리며 6회 말아준다.

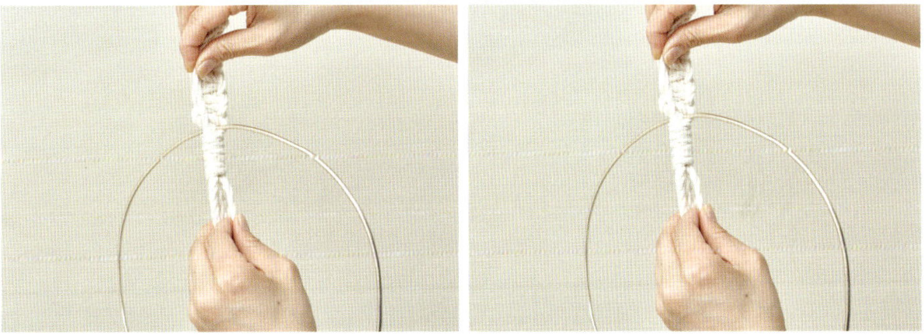

14: 남은 줄의 끝자락을 래핑매듭 아래쪽에 생긴 고리에 넣어 붙잡고
래핑용 줄 위쪽을 단단히 당긴다.

15: 위아래 남은 래핑용 줄을 바짝 자른다.

wrapping knot

래핑매듭

과정 12~15 참조

16:

매듭줄 4개를 메탈링 앞쪽으로 넘긴 다음, 메탈링 바로 아래 지점에서 줄 4개를 한꺼번에 잡는다.

중간에 화분이나 물건을 걸쳐두면 래핑매듭의 위치가 자연스럽게 위로 올라가요.

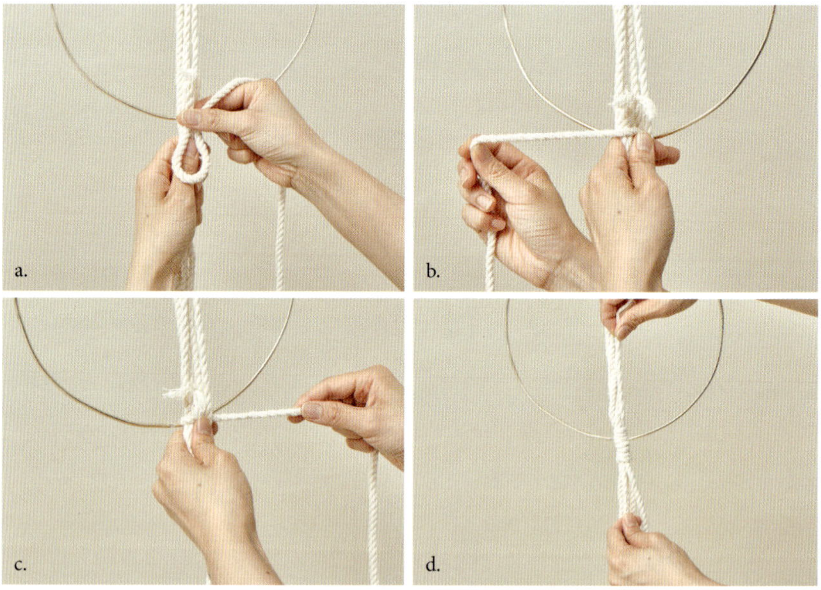

17:

래핑용 50cm 줄 1개로 메탈링 바로 아랫부분에 과정 12~14처럼 6회 감은 래핑매듭을 완성한다.

18:

위쪽에 삐져나온 래핑용 줄만 바짝 자른다.

19:

남은 줄을 원하는 길이로 잘라 마무리한다.

완성

레트로 무드
모빌

EASY MACRAMÉ

18

뾰족한 지붕 모양의

레트로 무드 모빌

Retro Mood Mobile

각기 다른 매듭이 서로서로 여유 있게 연결되어 뾰족한 지붕 형태를 이룬, 매력적인 모빌이에요. 줄 끝에 가벼운 인형이나 장식품을 달면 아이 방 소품으로도 제격인 귀여운 작품입니다. 모빌로 사용하다가 싫증이 나면 하단에 래핑매듭을 짓고 납작한 바구니를 걸쳐주세요. 열쇠나 고지서 등을 담는 레트로 스타일의 바스켓 모빌로 변신합니다.

준비

매듭용 : 면 로프(60합/3mm) — 2m 60cm＊10개
래핑용 : 면 로프(60합/3mm) — 50cm＊1개
메탈링(지름 6cm) — 1개
지끈 리스틀(지름 18cm) — 1개

매듭

래핑매듭
평돌기매듭
말아엮기매듭(한 줄)
교차평매듭

과정

1: S자고리에 지름 6cm 메탈링을 걸고, 매듭용 2m 60cm 줄 10개를 가지런히 모아서 반으로 접은 다음, 메탈링에 걸친다.

2: 래핑용 50cm 줄 1개를 U자모양으로 배치한다.

3: U자의 하단을 매듭줄과 함께 단단히 붙들고, 래핑용 줄의 긴 쪽을 메탈링 바로 아랫부분부터 시계 방향으로 촘촘히 돌리며 6회 말아준다.

4: 남은 줄의 끝자락을 래핑매듭 아래쪽에 생긴 고리에 넣어 붙잡고 래핑용 줄 위쪽을 단단히 당긴다.

wrapping knot

래핑매듭

과정 2~5 참조

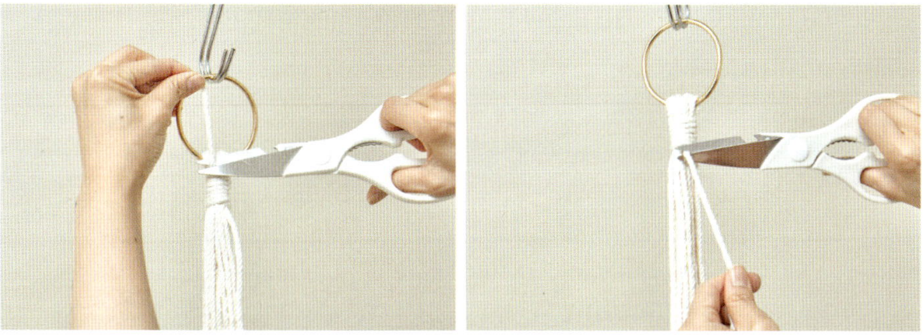

5: 위아래 남은 래핑용 줄을 바짝 자른다.

6:

나란히 붙어있는 줄 4개를 잡아 가운데 두 줄을 중심줄로, 양쪽 가장자리 줄을 엮는줄 ①, ②로 정한다.

7:

①을 중심줄 위에 L자모양으로 배치하고, 그 위에 ②를 두어 숫자 4모양을 만든다.

half square knot

평돌기매듭

과정 6~9 참조

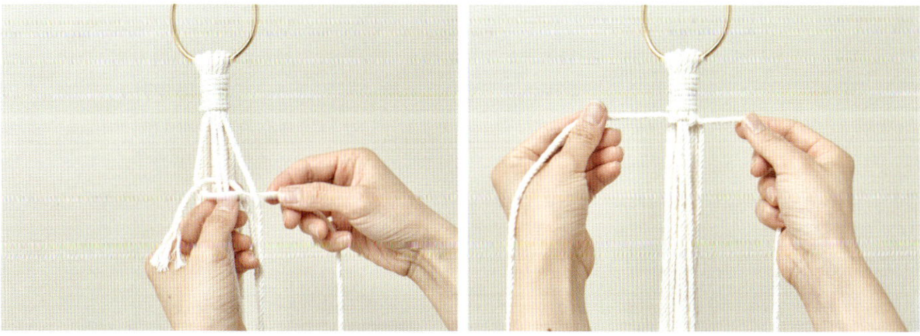

8: ②를 중심줄 뒤쪽으로 감아 왼쪽 고리 안으로 통과시키고 엮는줄 2개를 양쪽으로 당겨 평돌기매듭을 만든다.

9: 계속해서 과정 6~8처럼 평돌기매듭을 만들어
총 12세트의 평돌기매듭을 완성한다.

10:

완성된 평돌기매듭 옆에 나란히 붙어있는 매듭줄 4개를
잡고 다시 과정 6~9처럼 평돌기매듭을 완성한다.

11: 나머지 줄도 4개씩 잡고 평돌기매듭을 만들어 총 5줄의 평돌기매듭을 완성한다.

12: 모든 매듭줄을 지끈 리스틀 안으로 넣는다.

13: 평돌기매듭 20cm 아래에 리스틀을 배치하고, 아무 줄이나 1개만 잡는다.

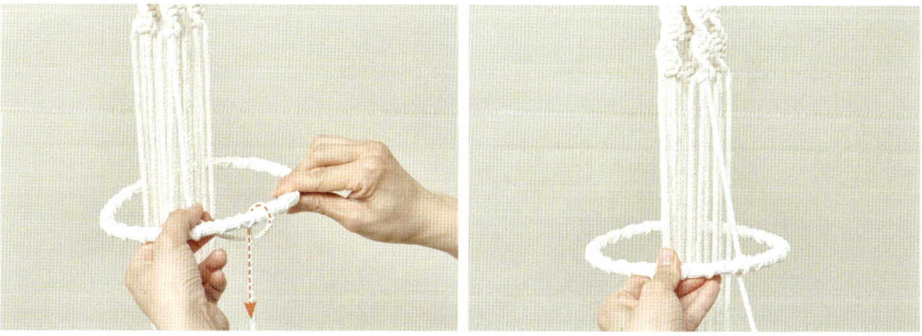

14: 줄 1개를 리스틀 아래에서 위로 감아 리스틀 안으로 집어넣으며 고리모양을 만들고, 바짝 당긴다.

15: 다시 같은 줄을 잡고 과정 14번처럼 줄을 오른쪽 아래에서 위로 감아 넣고 바짝 당겨 말아엮기매듭을 완성한다.

clove hitch knot

말아엮기매듭(한 줄)

과정 13~15 참조

a.

b.

c.

16:

방금 만든 말아엮기매듭과 마주 보는 지점에 과정 13~15처럼 말아엮기매듭을 만들어 리스틀의 균형을 맞춘다.

17:

계속해서 나머지 줄도 순서대로 1개씩 잡고 말아엮기매듭을 만들어 고깔모양의 상단을 완성한다.

나란히 붙은 실을 순서대로 잡고 매듭지어야 고깔모양 줄이 일직선으로 가지런히 만들어져요. 매듭을 만들면서 리스틀의 높이를 체크해 균형을 맞춰주세요.

18:

리스틀 아래 나란히 붙은 줄 4개를 잡는다.

사진처럼 리스틀 7cm 아래 지점에서 양쪽 가장자리 두 줄을 더블X모양으로 꼬아 가운데로 모으고, 가운데 두 줄을 중심줄로, 나머지를 엮는줄 ①, ②로 정한다.

①을 중심줄 위에 L자모양으로 배치하고, 그 위에 ②를 두어 숫자 4모양을 만든다.

21: ②를 중심줄 뒤쪽으로 감아 왼쪽 고리 안으로 통과시키고 엮는줄 2개를 양쪽으로 당긴다.

오른쪽으로 옮겨진 ①을 좌우 뒤집힌 L자모양으로 중심줄 위에 배치하고, 그 위에 ②를 두어 좌우 뒤집힌 숫자 4모양을 만든다.

23: ②를 중심줄 뒤쪽으로 감아 오른쪽 고리 안으로 통과시키고
양쪽으로 당겨 교차평매듭 1세트를 완성한다.

switch knot

교차평매듭

과정 18~23 참조

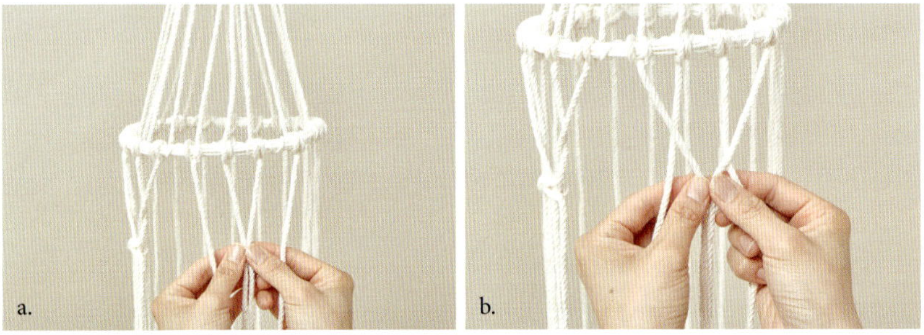

a. b.

c.

24:

계속해서 과정 18~23처럼 나란히 붙어있는 줄 4개씩을 잡고
총 5세트의 교차평매듭을 완성한다.

25:

나란히 붙어있는 평매듭줄 2개를 잡고, 각각의 줄에서
나란한 줄을 2개씩 가져와 가운데 두 줄을 중심줄로,
양쪽 가장자리 줄을 엮는줄 ①, ②로 정한다.

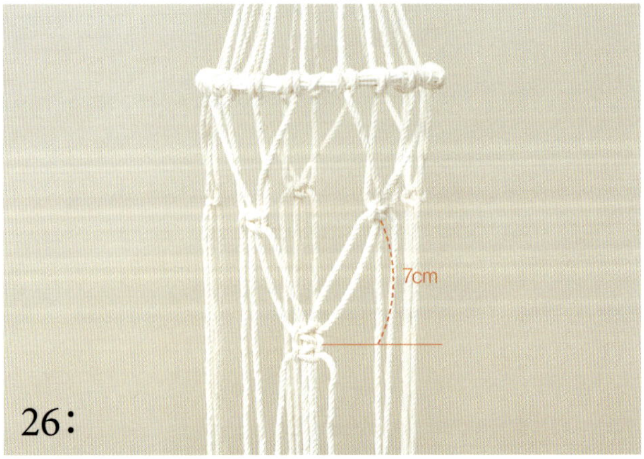

26:

마지막 교차평매듭 7cm 아래 지점에 세로형 평매듭
2세트를 만든다.

27 : 다시 오른쪽 줄 4개를 잡고 세로형 평매듭 2세트를 만들고,
나머지 줄도 4개씩 잡고 평매듭을 완성한다.

28 : 남은 줄을 원하는 길이로 잘라
마무리한다.

완성

프린지 서클 모빌

EASY MACRAMÉ

19

에스닉 스타일의 샹들리에

프린지 서클 모빌

Fringy Circle Mobile

굵은 프린지가 에스닉한 느낌을 주는 서클 모빌은 소품을 활용해서 샹들리에로 사용하면 좋아요. 둥근 모빌 안에 커다란 알전구를 넣거나 자잘한 크리스마스 트리 전구를 둘러서 불을 밝히면, 모빌에 공간감이 생기며 존재감이 빛을 발하거든요. 거칠고 자유로운 느낌을 원하면 굵은 로프를 사용하고, 조금 더 결이 고운 느낌이 좋다면 가느다란 면 로프로 만들어요.

준비

매듭용 : 면 로프(120합/4mm) — 2m 50cm*48개
걸이용 : 면 로프(120합/4mm) — 80cm*2개
래핑용 : 면 로프(18합/1.5mm) — 50cm*8개
메탈링(지름 20cm) — 1개

매듭

레이스매듭
한매듭
평매듭
래핑매듭

과정

1: 메탈링에 걸이용 줄 1개를 걸고 한쪽 줄을 짧게 배치한 다음,
2회 묶어 한매듭을 완성한다.

2:

짧게 남은 걸이용 줄을 바짝 자른다.

overhand knot
한매듭

과정 1 참조

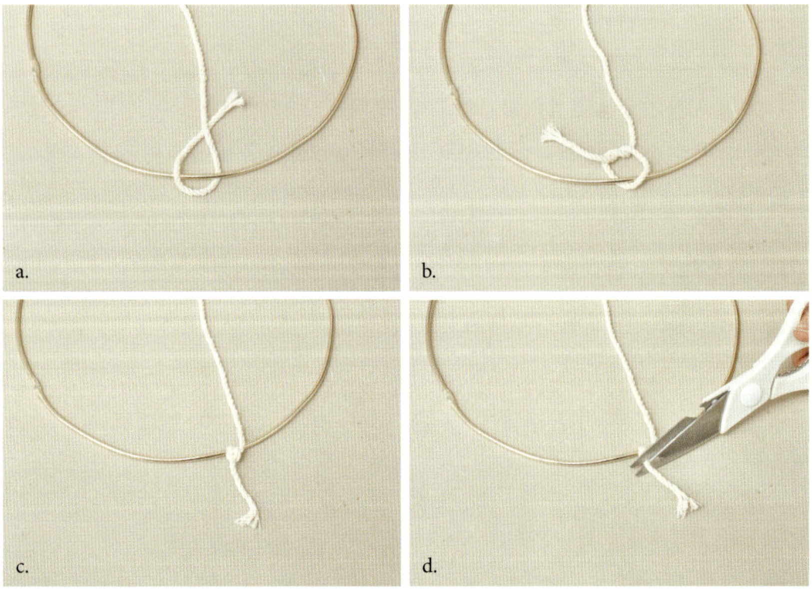

a. b. c. d.

3:

같은 줄로 방금 만든 한매듭과 마주보는 지점에도 한매듭을 완성하고, 짧게 삐져나온 걸이용 줄만 바짝 자른다.

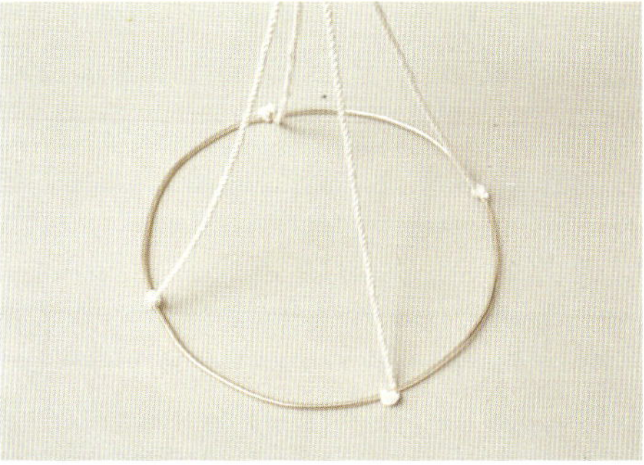

4: 나머지 걸이용 줄 1개로 과정 1~3처럼 마주보는 한매듭을 완성해 십자모양을 만든다.

a.

b.

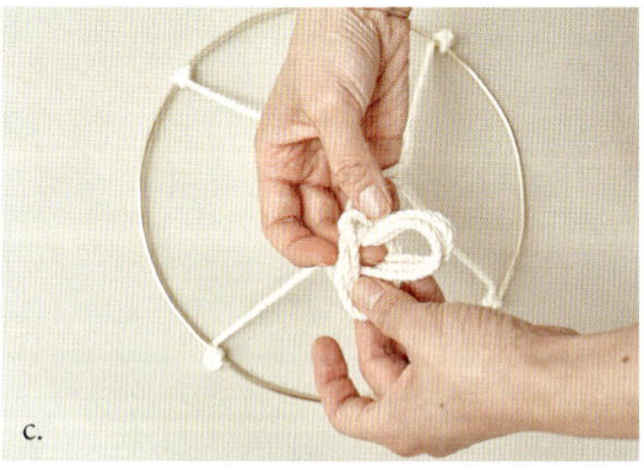

c.

d.

5:

걸이용 줄을 모두 잡고 수평을 맞춘 다음, 원하는 위치에 한매듭을 만든다.

6: 한매듭으로 생긴 고리는 그대로 두고, 짧게 남은 줄만 바짝 자른다.

S자고리에 방금 만든 모빌 상단의 고리를 건다.

2m 50cm 매듭용 줄 1개를 반으로 접고, 고리가 생긴 부분을 메탈링 안쪽에 넘겨 건다.

줄의 끝자락을 고리 안으로 넣는다.

고리 안의 두 줄을 아래로 당겨 단단히 조인 레이스매듭을 만든다.

lark's head knot

레이스매듭

과정 8~10 참조

걸이용 줄과
줄 사이에
레이스매듭을 12개씩
배치해서 균형을
맞춰주세요.

11: 계속해서 나머지 줄 47개도 1개씩 잡고 과정 8~10처럼 레이스매듭을 완성한다.

레이스매듭 2개의 줄 4개를 잡아 가운데 두 줄을 중심줄로, 양쪽 가장자리 줄을 엮는줄 ①, ②로 정한다.

①을 중심줄 위에 L자모양으로 배치하고, 그 위에 ②를 두어 숫자 4모양을 만든다.

14: ②를 중심줄 뒤쪽으로 감아 왼쪽 고리 안으로 통과시키고 엮는줄 2개를 양쪽으로 당긴다.

15: 오른쪽으로 옮겨진 ①을 좌우 뒤집힌 L자 모양으로 중심줄 위에 배치하고, 그 위에 ②를 두어 좌우 뒤집힌 숫자 4모양을 만든다.

16: ②를 중심줄 뒤쪽으로 감아 오른쪽 고리 안으로 통과시키고 양쪽으로 당겨 평매듭 1세트를 완성한다.

square knot

평매듭

과정 12~16 참조

17: 바로 아래쪽에 과정 13~16처럼 평매듭 1세트를 더 만들어 세로형 평매듭 2세트를 완성한다.

18: 다시 바로 오른쪽 줄 4개를 잡고 과정 12~17처럼 세로형 평매듭 2세트를 완성한다.

19:

계속해서 남은 줄을 4개씩 잡고 세로형 평매듭 2세트씩을 완성한다.

20:

나란히 붙어있는 평매듭줄 2개를 잡고, 각각의 줄에서 나란한 줄을 2개씩 가져와 가운데 두 줄을 중심줄로, 양쪽 가장자리 줄을 엮는줄 ①, ②로 정한다.

a.

b.

c.

21:

마지막 평매듭 10cm 아래 지점에 과정 13~17처럼 세로형 평매듭 2세트를 완성한다.

22:

다시 오른쪽 줄 4개를 잡고 세로형 평매듭 2세트를 만들고, 계속해서 나머지 줄도 4개씩 잡고 세로형 평매듭 2세트씩을 완성한다.

23:

마지막 평매듭 10cm 아래 지점에서 나란히 붙은 3개의 평매듭을 추려 총 12개의 줄을 잡는다.

24:

래핑용 50cm 줄 1개를 U자모양으로 배치한다.

25: U자의 하단을 12개의 줄과 함께 단단히 붙들고, 래핑용 줄의 긴 쪽을 시계 방향으로 촘촘히 돌리며 6회 말아준다.

wrapping knot

래핑매듭

과정 24~27 참조

26: 남은 줄의 끝자락을 래핑매듭 아래쪽에 생긴 고리에 넣어 붙잡고 래핑용 줄 위쪽을 단단히 당긴다.

27:

위아래 남은 래핑용 줄을 바짝 잘라 래핑매듭을 완성한다.

계속해서 남은 줄도 과정 23~27처럼 줄 12개씩을 잡고 래핑매듭을 완성한다.

남은 줄을 원하는 길이로 잘라 마무리한다.

완성

혼자서도 쉽게 만드는
마크라메

초판 1쇄 발행 2018년 8월 29일
초판 3쇄 발행 2020년 11월 25일

지은이 조영미
펴낸이 연준혁

출판부문장 이승현
편집 1본부 본부장 배민수
편집 6부서 부서장 정낙정
디자인 날마다작업실
사진 김하영

펴낸곳 (주)위즈덤하우스 **출판등록** 2000년 5월 23일 제13-1071호
주소 경기도 고양시 일산동구 정발산로 43-20 센트럴프라자 6층
전화 031)936-4000 **팩스** 031)903-3891 **홈페이지** www.wisdomhouse.co.kr

값 16,800원 ISBN 979-11-6220-719-2 13630

* 이 도서의 국립중앙도서관 출판예정도서목록(CIP)은 서지정보유통지원시스템 홈페이지(http://seoji.nl.go.kr)와 국가자료공동목록시스템(http://www.nl.go.kr/kolisnet)에서 이용하실 수 있습니다.(CIP제어번호: CIP2018025337)